新編連相搜神廣記

第一輯
第2冊

新編連相搜神廣記

正編
第1種

（新編）新編連相搜神廣記目錄

後集

新編連相搜神廣記目錄

淮海秦子晉

前集

後集

新編連相搜神廣記目錄　畢

新編連相搜神廣記

儒氏源流

至聖文宣王魯曲阜昌平鄉闕里其先宋人也先聖曾大父曰孔防叔避宋華督之難徙居于魯生伯夏伯夏生叔梁紇紇長子曰孟皮字伯尼有廢疾不任繼嗣次子則先聖是也魯襄公二十二年冬十月庚子日先聖生是夕有二龍繞室五老降庭五老者五星之精也母顏氏之房聞奏鈞天之樂空中有聲云天感生聖子故降以和樂笙鏞之音生而首上圩頂故因名丘字仲尼幼而喪父葬於防山先聖身長九尺六寸腰大十圍凡四十九表反首洼面月角日準坐如蹲龍立如鳳峙望之如仆就之如升耳垂珠庭龜脊龍形虎掌胼脅參膺河目海口山臍林背翼臂斗唇注頭隆鼻阜脥堤眉地足谷竅雷聲澤腹昌顏均頤

輔喉駢齒眉有一十二彩目有六十四理其頭似堯其顙似舜
其項類皋陶其肩類子產自腰以下不及禹三寸有大聖之德
孝通天人道貫秘奧龜龍銜負之書七政五緯之要莫不該貫
之化悉堯舜周公之美魯定公以為聖為中都宰一年四方諸侯
皆則焉先聖始為邑宰十年為司空十一年為大司寇攝行相
事十四年誅魯大夫亂政者少正卯與聞國政三月粥羔豚者
弗飾賈男女行者別於塗塗不拾遺四方之客至乎邑者不求
有司皆予之以歸去魯十四年魯哀公十一年先聖自衛反魯
刪詩書定禮樂成六藝晚而喜易讀易韋編三絕為之彖象文
言繫辭以發其秘教弟子於洙南泗北門徒三千博通六藝
者七十二人昔先聖未生時有麟吐玉書於闕里其文曰水精
之子係周衰而素王顏氏異之以繡紱繫麟角信宿而麟去至
哀公十四年西狩大野叔孫氏車子鉏商獲獸以為不祥先聖往
觀之曰麟也胡為來哉胡為來哉反袂拭面涕泣沾衿叔孫聞

之然後取之而繫角麟之哉尚存先聖曰吾道窮矣乃因魯史而
作春秋文加褒貶而脩中興之教麟見而天告先聖之徵也
先聖病甚子貢在兩楹之間子貢請見曰子方負杖逍遙於門曰賜
汝何來晚也先聖因嘆曰太山壞乎梁木壞乎哲人萎乎因以
涕下謂子貢曰天下無道久矣莫能宗予後七日甍年七十三以
魯哀公十六年夏四月己丑薨葬於魯城北泗上哀公十七年立廟於
舊宅守陵廟百戶弟子皆服心喪三年畢相訣而去則哭各盡
哀或復留唯子貢廬於冢者六年然後羣弟子於廟藏先聖衣
冠琴瑟車書弟子及魯人往從冢而家者百有餘室因命曰孔里
魯世世相傳以歲時奉祠於冢子孫世襲之號

聖朝崇奉追封尊號
大成至聖文宣王

聖配鄆國夫人

聖父封齊國公
聖母封魯國太夫人

釋氏源流

釋迦牟尼佛姓刹利父淨飯天母清淨妙位登補處生兜率天上名曰勝善天人亦名護明大士度諸天衆說補處行亦於十方界中現身說法普曜經云佛初生刹利王家放大智光明照十方世界地湧金蓮華自然捧雙足東西及南北各行於七步分手指天地作師子吼声上下及四維無能尊我者即周昭王二十四年甲寅歲四月八日也至四十二年二月八日年十九欲求出家而自念言當復何遇即於四門遊觀見四等事心有悲喜而作思惟此老病死終可厭離於是夜子時有一天人名曰淨居於牕牖中叉手白太子言出家時至可去矣太子聞已心生歡喜即逾城而去於檀特山中修道始於阿藍迦藍處三年学不用処定知非便捨復至鬱頭藍弗處三年学非非想定知非亦捨又至象頭山同諸外道日食麻麥經于六年故經云

以無心意無受行一切悉摧伏諸外道先歷試邪法示諸方便發諸異見令至菩提故普集經云菩薩於二月八日明星出時成佛號天人師時年三十矣即穆王三年癸未歲也既而於鹿野苑中為憍陳如等五人轉四諦法輪而論道果說法住世四十九年後告弟子摩訶迦葉吾以清淨法眼涅槃妙心實相無相微妙正法將付於汝汝當護持并勅阿難副貳傳化無令斷絕而說偈言

法本法無法　無法法亦法
今付無法時　法法何曾法

爾時世尊說此偈已復告摩訶迦葉吾將金縷僧伽梨衣傳付於汝轉授補處至慈氏佛出世勿令朽壞摩訶迦葉聞偈頭面禮足曰善哉善哉我當依勅恭順佛故爾時世尊至拘尸那城告諸大眾吾今背痛欲入涅槃即往熙連河側娑羅雙樹下右脇累足泊然宴寂復從棺起為母說法特示雙足化婆耆并說

無常偈曰

諸行無常　是生滅法

生滅滅已　寂滅為樂

時諸弟子即以香薪競共燒之燼後金棺如故爾時大衆即於佛前以偈讚曰

凡俗諸天　何能致火燒

請尊三昧火　闍維金色身

爾時金棺從坐而舉高七多羅樹往反空中化火三昧須臾之頃收得舍利八斛四斗即周穆王五十一年壬申歲二月十五日也自世尊滅後一千一十七年教至中夏後漢明帝夜夢金人身長丈六項有日月光以問群臣或曰西方有神其名曰佛陛下所夢得無是乎於是遣使往天竺問其道得其書及沙門以來沙門云佛長一丈六尺黃金色項佩日月光变化无方无所不入能通万物而大濟群生六

玉清聖境
元始天尊
上清真境
靈寶天尊
太清仙境
道德天尊

道教源流

金闕玄元太上老君聖紀按洞玄靈寶元始上帝眞教元始經道君告吳帝曰昔天地未分陰陽未判溟涬鴻濛大梵寥廓無光結空自然中有百千萬重玉氣而化生妙無聖君歷劫號曰妙無上帝自然元始天尊一氣太玄玉丈人經九億九萬九千九百九十億萬劫次結百千萬重眞氣而化生妙有聖君自析妙有大帝虛皇玉宸大道君一號靈寶丈人經八億八千八百八十億劫次結百千萬重道氣化生混沌聖君紀號至眞大帝萬變混沌玄元老君一號神寶丈人按老君聖紀經太上老君居太清境乃元氣之祖宗天地之根本於至微至虛之內太初太始之先推數御運布氣聚精開化天地所歷成壞一歲不可量計其化身周遍塵沙世界亦非筭數紀極開闢之後[illegible]世代之澆淳隨時立教代爲帝師建立法度或遊九天或[illegible]

洎乎三皇五帝下歷代帝王咸宗奉焉莫知其由天下行之方
命玄玄之秘也至德為之法無不濟度蓋百姓日用而不知也
老子曰吾乃先乎無形之先起於太初之前行乎太素之元立
於太極之端浮游幽虛之中出入杳冥之門遊濛鴻之序道德經
云老子體自然而然生乎太無之先起乎無因經歷天地始終
不可稱載又云世人謂老子當生殷代老子之號始於無數劫
甚窅窅冥冥混遊久遠矣開闢已前復下為帝師代代不絕人
莫能知之按老子傳記自開闢之前下至殷湯代代為國者師
皆化身降世當殷湯甲十七年庚申始示誕生之跡自太清常
道境乘太陽日精化五色玄黃大如彈丸時玉女晝寢流入口
中吞之有孕懷八十一歲至武丁九年庚辰剖玉女左腋而生
生而白首號曰老子生於李樹之下指樹曰此吾姓也名耳字
伯陽自殷武丁九年庚辰下至秦昭王九年西昇君命計九百
九十六年矣

按李石續博物志云唐高祖武德三年晉州人吉善行於羊角
山見白衣父老呼善行曰爲吾語唐天子吾爲老君即汝祖也
高祖因立廟高宗追尊玄元皇帝明皇註道德真經令李著書
之兩京及諸州各置玄元皇帝廟京師號玄元宮諸州號紫極
宮尋改西京爲太清宮東京爲太微宮皆置學生尊號曰大聖
祖高上大道金闕玄元天皇大帝
宋国朝會要曰宋真宗大中祥符六年八月十一日制謹奉上
尊號曰
太上老君混元上德皇帝

〇聖母尊號

唐武后光宅二年九月甲寅追尊
聖母曰先天太后
祖殿在亳州太清宮是也

玉皇上帝

按聖紀所載云往昔去世有國名號光嚴妙樂其國王者名曰淨德時王有后名寶月光王乃無嗣嘗因一日作是思惟我今將老而無太子身或崩殂社稷九廟委付何人作是念已即便敕下詔諸道衆於諸宮殿依諸科教懸諸幡蓋清淨嚴潔廣陳供養六時行道徧禱具聖已經半載不退初心忽夜寶月光皇后夢太上道君與諸聖衆金姿玉質清淨之儀駕五色龍輿擁曜景旌蔭明霞蓋是時太上道君安坐龍輿抱一嬰兒身諸毛孔放百億光照諸宮殿作百宝色幢節前導浮空而來是時皇后心生歡喜恭敬接礼長跪道前白道君言今王无嗣願乞此子爲社稷主伏願慈悲哀愍聽許爾時道君答皇后言願特賜汝爾時皇后礼謝道君而乃收之皇后收已便從夢歸覺而有孕懷一年于丙午歲正月九日午時誕于王宮當生之時

光嚴妙樂王国名曰相妙好覩者無厭幼而敏慧長而慈善于其
国中所有寶藏一切財寶悉皆散施窮乏困苦鰥寡孤獨無所
依怙饑饉殘疾一切眾生仁愛和遜歌謠有道化及遐方天下
仰從歸仁太子父王加慶當爾之後王忽告崩太子治政俯念
浮生告敕大臣嗣位有道遂捨其国於普明秀岩山中修道功
成超度過是劫已歷八百劫身常捨其国為群生故割愛學道
於此後經八百劫行藥治病拯救眾生令其安樂此劫盡已又
歷八百劫廣行方便啟諸道藏演說靈章恢宣正化敷揚神功
助国救人自幽及顯過此已後再歷八百劫亡身殞命行忍辱
故捨己血肉如是修行三千二百劫始證金僊號曰清淨自然
覺王如來　宋真宗實録曰大中祥符七年九月上謂侍臣曰
自元符之降朕欲與天下臣庶同上玉皇聖號至天禧元年正
月辛丑朔帝詣太初殿恭上玉皇大天帝聖號曰
太上開天執符御歷含真体道玉皇大天帝

聖祖尊號

御製靈遇記曰景德初王中正遇司命眞君傳藥金法上之四年十一月降劉承規之直舍五年始奉上徽號曰

九天司命天尊宋眞宗實錄曰大中祥符五年十月十七日上夢景德四年先降神人傳玉皇之命云令汝祖趙某名此月二十四日降如唐貞元事至日天尊降延恩殿明十月己巳加號

聖祖上靈高道九天司命保生天尊

聖母尊號

國朝會要曰天禧元年三月六日冊上聖祖母懿號曰

元天大聖后

先是大中祥符五年制加上聖祖母號俟兖州太極觀成擇日奉上至是詔王旦等行冊禮

東華帝君

東華帝君紀君在道氣凝寂湛體無為將欲啓迪玄功生化万物先以東華至真之氣化而生木公於碧海之上蒼靈之墟以主陽和之氣理於東方亦號王公焉與金母皆挺質太元毓神玄奧於東方溟涬之中分大道醇精之氣結而成形與王母共理二氣而育養天地陶鈞万物凡天上天下三界十方男子之登仙得道者悉所掌焉蓋方諸之上按壁外記方諸山在東海之內其諸司命三十五所以隸天上人間罪福帝君為大司命總統之山有東華真堂帝常以丁卯日登真堂四望孚道之者九仙有九品一曰九天真王二曰三天真皇三曰太上真人四曰飛天真人五曰靈仙六曰真人七曰靈人八曰飛仙九曰仙人凡此品次昇天之時先拜木公後謁金母受事既訖方得昇九天入三清拜太上而觀元始故漢初有四五小兒戲於路中一兒

謁曰看青裙入天門揖金母拜木公時人皆莫之知唯子房往
拜焉曰此東王公之玉童也昔元始告十方天人曰吾自造立
混沌化生二儀役御陰陽始封皇上元君自東華扶桑大帝等
校量水火定乎劫數中皇元年太上於玉清瑠琇房金闕上宮授
帝寶經符圖玉訣使傳後學玉名合真之人故又經云東華不
秘於真訣是也紫府者帝君校功行之所夫海內有三島而十
洲列其中上島三洲謂蓬萊方丈瀛洲也中島三洲謂芙蓉閬
苑瑶池也下島三洲謂赤城玄關桃源也三島九洲非時洪曉
之中又有洲曰紫府踞三島之間乃帝君之別理統轉靈官職
位較量羣仙功行自地仙而至神仙神仙而至天仙天仙而轉
真聖入虛無洞天凡三迁也皆帝君主之釋之名也東華者以
帝君東華至真之氣化而生也分治東極居東華之上也紫府
者職居紫府統三十五司命迁轉靈官較品真仙也陽者主東
方少陽九氣生化萬彙也帝君者位東方諸天之尊君牧衆聖

爲生物之主易曰帝出乎震是也故曰東華紫府少陽帝君又
眞教元符經云昔二儀未分溟涬鴻濛如鷄子玄黃之中一自
然有盤古眞人稱古就今是曰盤古乃是天地之精自號元始
天王游行虛空之中又有太元聖母化生天脊臚中經一劫天
王行施聖母感生天皇號上皇元年始世三萬六千歲受元始
上帝符命爲東宮大帝扶桑大君東皇公號曰元陽父老之稱
經或號東王公或號青童君或號方諸君或號青提帝君名號
雖殊即一東華也
聖朝至元六年正月日上尊號曰
東華紫府少陽帝君

西王母

西王母者乃九靈大妙龜山金母也号太虛九光龜臺金母元
君乃西華之至妙洞陰之極尊在昔道氣凝寂湛体无爲將欲

啟迪玄功生化萬物先以東華至真之氣化而生木公焉木公
生於碧海之上蒼靈之墟以主明和之氣理於東方亦號曰東
王木公焉又以西華至妙之氣化而生金母焉金母生神洲伊川
厥姓緱氏生而飛翔以主元毓玄奧於渺漭之中分大道醇精
之氣結而成形与東王木公共理二氣而養育天地陶鈞萬物矣
柔順之本為極陰之元位配西方母養群品天上天下三界十
方女子之登仙得道咸所隸焉所居崑崙之圃閬風之苑其山
之下弱水九重洪濤万丈飛飆車羽輪不可到也因穆王三十
五年命八駿使西巡狩至崑崙賓詣祠見之持白璧重錦以為
王母壽壽時王母以瑤池珍饗紫府瓊漿九天仙樂与穆王燕
於瑤池穆王国政不治宗廟荒廢歸至人間国已危矣

后土皇地祇

天地未分混而為一二儀既判陰陽定位故清氣騰而為陽天濁氣降而為陰地為陽天者五太相傳五天定位上施日月參

前廿二

覆載為陰地者五行相乘五氣絡繹負載江海山林屋宇故曰天陽地陰天公地母也且名曰后土乃大地初判者也故謂土母焉廟在汾陰宋眞宗朝大中祥符[illegible]十二月詔封后土皇地祇[illegible]陰親祀[illegible]揚州蕃釐觀后土祠也殿前瓊花一株香色[illegible]狀絕異非世[illegible]常品

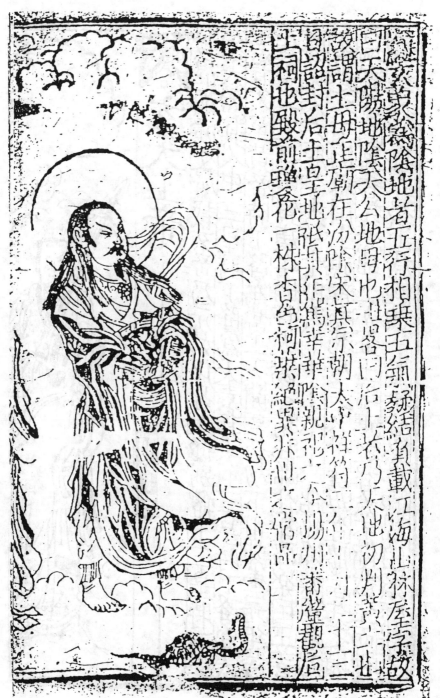

玄天上帝

前十四

按混洞赤文所載玄帝乃元始化身太極別體上三皇時下降為太始真人中三皇時下降為太象真人下三皇時下降為太素真人至黃帝時下降為當上天開皇初劫下世紫雲元年歲建甲午三月甲寅庚午時符太陽之精托胎化生淨樂國王善勝天人之腹孕秀一十四月則太上八十二化也淨樂國者乃奎婁之下海外國土應龍變度天玄宮産母左脇當生之時瑞雲覆國異香芬然地土變金玉瑞應之祥茲不備載生而神靈至長捨情隱顯年乃七歲宗經典一覽悉皆默會仰觀俯察靡所不通

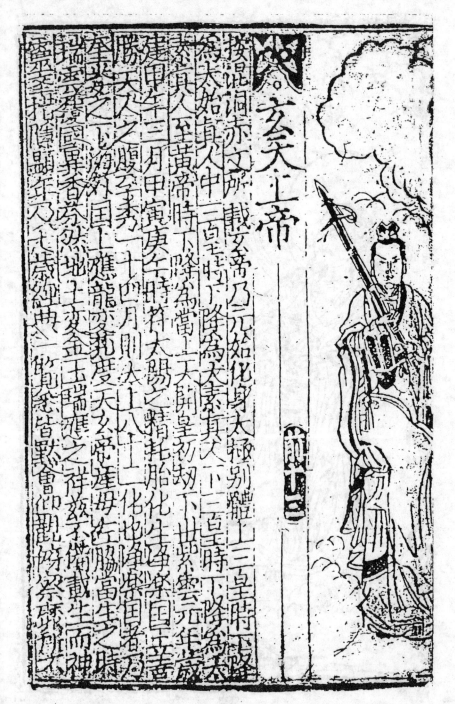

聞傳心念道忘氣太虛願爲上帝普福兆民父王不能抑志年
十五辭父母從尋幽谷內凝元眞感玉清聖祖紫虛元君傳
授無極上道元君告玄帝曰子可越海東遊歷於翼軫之下有
山自乾兌起跡盤旋五萬里水出震宮自有太極便生見其張
顯守極風天太安皇崖一天太子可入是山擇衆峯之中高[illegible]
密者居之當契太和升舉之後五百歲當龍漢二劫中披髮跣
足掛離坎育精歸根復位上爲三境輔臣下作十方大聖方陽
顯名億劫與天地日月齊并是其果滿也告畢元君昇雲而去
玄帝乃如師語越海東遊歷於翼軫之下果見師告之山水
藏沒皆符師言乃入觀覽見果有七十二峯之中有一峯聳翠上
陵紫霄下有一峯當陽虛寂於是玄帝探師之識目山曰太和
山峯曰紫霄峯宮曰紫霄宮因下居焉潛虛玄一默會萬眞西
千二年大得上道於黃帝紫雲五十七年歲次甲子九月初九
道丙寅清晨忽有祥雲天樂自空而下迷漫山谷[illegible]去山四方各

三百單琳霄靈響自作太虛仙樂之音是時玄帝身長九尺面
如滿月龍眉鳳目紺髮美髯顏如冰青頂九氣玉冠身披松羅
之服跣足拱手立于紫霄峯上須臾雲散有五真群仙降于玄
帝之前導從甚盛并九見聞玄帝稽首祇奉迎拜五真拜曰吾奉
三清玉帝詔以子功滿道備宜登金闕子之聖父命母已在九
霄矣玄帝俯伏恭諾五真乃宣詔畢可特拜太玄元帥領元和
遷校府公事賜九德偃月金晨玉冠瓊華玉璠碧瑤寶圭素[illegible]
飛雲金霞之帔紫綃龍衣丹裳羽襦絳綵之裙七宝銖衣三元[illegible]
朱履飛紅雲舄佩太玄元帥上冊乾元宝印南北二斗十二台龍
劍飛雲玉輅丹轝綠葢羽蓋翠輪九色之節十絕靈旛前導九
鳳後吹八鸞天下五女傾[illegible]前驅上赴九清詔至奉行玄帝冊
拜授詔湯服訖飛昇金闕授元洞玉曆記云至五帝世末當正
天龍漢二劫下世洪水方息人民始耕殷紂主世淫心失道播
循上天生靈方足衣食心散正道日造罪愆惡毒肖橫逆感天

天魔王引諸鬼衆傷害衆生毒氣盤結上衝太空是時元始天
尊說法於玉清聖境天門震開下見惡氣彌塞天充於是[illegible]之[illegible]
真人叩誠求請願赦群黎元始乃命玉皇上帝降詔紫微陽闕
以周武伐紂平治社稷陰則以玄帝收魔間分人鬼當斯時也
上賜玄帝披髮跣足金甲玄袍皂纛玄旗統領丁甲下降凡世
與六天魔王戰於洞陰之野是時魔王以玖離二炁化蒼龜巨
蛇變現方成玄帝神力攝於足下鎖鬼衆於酆都大洞人民治
安宇宙清肅玄帝凱還清都面朝金闕元始敕命以玄帝功德
五千萬劫德並三十三天九霄上賴於真威十極仰依於神化
有大利施於下民積聖德遍之于玉曆按遵錄當昇帝真天
有徽宗何以明德特賜尊號拜玉虛師相玄天上帝領九天採
訪使聖父曰淨樂天君明真大帝聖母曰善勝太后瓊真上仙
下詔陰天關曰太玄火精含陰將軍赤靈尊神地軸曰太玄水精
育陽將軍黑靈尊神並居天一真慶之

梓潼帝君

按清河內傳余本吳會間人生於周初後七十三代今改為化字為士大夫未嘗酷民虐吏性烈而行察同秋霜白日之不可犯後西晉末降生於越之西嶲之南兩郡之間是時丁未年二月三日誕生祥光覺戶黃雲迷野孫斷地側近海里人請清何與日君今六十而猶貞嗣童稚時不言嬉戲每就山澤往從語言若有隱顯書誦羣書晝夜避衆了自笑自樂身躬恐射居民就從則余嘆詠長嘯曰士不而能衣人之衣食人之食享之而有難變之而有禍我為人而焉無靈乎自後夜夢或為龍或為蛇者天發或為水府漕自涯而不甚信為吉兆二農愆旱苗禾無饑舞雩禜神恬然無驗余思曰寐中夢為水府令必當驗夜往水際叹夢中官函牒河伯而鑿寬尤恍惚恍不能忽尔之間陰雲四合風飛雷震一吏稽首余前曰運判從君余曰非我也我為

張亞老之子名亞〔蝝祈得姓字霽而大〕得遂吏曰奉命促子余曰家人孰何
吏曰先到治所余惶懼未決吏揖上一白騾而去俛首單聞風
雨声中顛失御地到一山連劍嶺而撐參宮星北若鳳凰之假
下有舌湫引余入一巨穴門有一石苟吏曰民之禱雨祝此石
而有應名曰雷柱吾方褰衣入穴吏又曰君諳周室為人七十
三化陰德傳家而遂今不識余方大悟若夢覺也吏曰君在天譜
得神之品於人世界未有知之者吾不日有中興之兆君可壽方
而顯化余曰謝天使習報也入穴則君還任仍之蟄沂地而足
不沾若騰身虛空有臣昔人宮中有梵僧令入隊見家人悉都
其間改曰依儒士往咸陽講姚萇之故事詩句傳禁書者也記
廟在劍州梓潼縣唐玄宗幸蜀神迎於萬里橋追封
左丞相僖宗播遷亦有陰助之功加封順濟王
宋太祖初得蜀地以仁取之以仁守之亦不神於顯相有以
輔吾仁也靈應廟神加封聖號

聖祖[illegible]忠武孝德聖烈王　聖后[illegible]

聖父顯慶[illegible]仁裕王　聖母昭[illegible]淑妃

聖子嗣德王　聖婦協助顯懿夫人

聖子昌德王　聖婦順助惠懿夫人

聖孫紹熙昭靈侯　聖孫婦淑[illegible]

聖孫承禎宣靈侯　聖孫婦惠懿夫人

佐神英惠忠烈翼祐福安王即振嘉太尉也

左右桂祿二籍仙官

聖朝延祐三年七月日加封聖號

輔元開化文昌司祿宏仁帝君

帝君殿在九曲之上蓋九曲水來朝九折而去經行山腹成

七曲其殿有降筆亭亭中以金索懸一五色飛鸞鸞口啣筆用

金花牋數百番常留筆下筆畢皆具亭門本府差官封題其嚴

以防欺偽之弊降筆記其亭內有銅鐘自鳴廟中聞于本府本

勸善官啓敬編取書以觀報應頁降筆多勸人以忠孝爲本指迷

曦借僞蜀王之日頁儀性設俎豆嚴潔盛親詣 帝君廟設醮

角欲待亂黑風驟起吹燭撒香逆曦震懼俯伏殿下須臾開朗

視神像已碎作兩片矣 帝君奉

玉帝旨佐南斗注生由是求嗣者多禱焉

上天聖號

金闕昊天檢校洞照通真先生九天開化主宰靈應大帝上

僊元皇君　統僊班證佛果聖號

混元內輔三清內宰大都督府都統三界陰府行使具掌雲霄天

曹從三界獄事收五嶽四瀆真形虎符龍券總諸天星曜洞運

祿二籍上僊元皇真人司祿職貢舉真君領編修飛僊列籍登

混元天造化輪迴救苦天尊九天大定元保生扶教開化主宰長樂

永福靈應大帝佑慧普果佛釋救九頓治張

三元大帝

上元一品九氣天官紫微大帝即延生之府始陽之氣結成至真境玄都元陽七寶紫微上宮總主上宮諸天帝王上聖高尊參羅萬象星君

中元二品七氣地官清虛大帝九土無極世界洞空清虛之宮總主五岳帝君并二十四治山九曲土皇四維八極神

下元三品五氣水官洞陰大帝洞元風澤之氣晨浩之精金靈洞陰之宮總主九江水帝四瀆神君十二溪真三河四海神君

每至三元日三官考籍大千世界之內十方國土之中上至諸天神仙升降之籍星宿照臨國土分野之簿中至人品考限之期下至魚龍變化飛走萬類蠢動生化之期並從三官集定之日錄奏分別隨業改形隨福受報隨劫轉輪隨業生死善惡簿錄無復差別宜悉知之（正月十五日上元　七月十五日中元　十月十五日下元）

東嶽

泰山者乃群山之祖五嶽之宗天地之孫神靈之府也在兗州泰符縣泰安州是也以梁父山為儲副東方朔神異經曰昔盤古氏五世之苗裔曰赫天氏赫天氏曰胥勃氏胥勃氏曰玄英氏玄英氏子曰金輪王金輪王弟曰少海氏少海氏妻曰彌輪仙女也彌輪仙女夜夢吞二日覺而有娠生二子長曰金蟬氏次曰金虹氏金虹氏者即東嶽帝君也金蟬氏即東華帝君也金虹氏有功在長白山中至伏羲氏封為太歲為太華真人掌天仙六籍遂以歲為姓諱崇與古歲於乃五代之前元上太尊所都之地今之泰高是也其后乃不一太尊之女收至神農朝賜天符都官號名府君至漢明帝封泰山元帥掌人世居民貴賤高下之分祿料長短之事十八地獄六案簿籍七十五司生死之期聖帝自堯舜禹湯周秦漢魏之世只有太郊壇每之

紀封后負夏曰武后垂拱二年七月初一日封東嶽爲神嶽天
中王武后万歲通天元年四月初一日尊爲天齊君玄宗開元
十三年加封天齊王宋真宗大中祥符元年十月十五日詔封
東岳天齊仁聖王
至祥符四年五月日尊爲帝号
東嶽天齊仁聖帝
淑明皇后
聖朝加封大生二字餘封如故
帝五子
宣靈侯
惠靈侯 和惠夫人
至聖炳靈王 求泰夫人
居仁靜覺慈濟師
佑靈侯 淑惠夫人

第一女
玉女大仙即岱山岳太平頂玉仙娘娘是也

至聖炳靈王

炳靈王者岳帝第三子也唐太宗加威雄將軍至宋太宗封
殿炳靈公大中祥符元年二月二十五日封
至聖炳靈王

佑聖真君

佑聖真君者真君姓許諱遜本長安咸陽人也自幼出家修訪
名山洞府遇王君賜長生之術得道稱為天仙至漢明帝朝儀
朔三年天書勿降皆玉女龍文云太帝保命真君古聖帝同登
死生昇登仙府之事宋太宗封為佑聖真君至真宗加封
九天司命御賜福佑聖真君

南嶽

南嶽衡山衡州衡山縣是也以霍山為儲副東方朔神異經云神姓崇諱覃南嶽主於世界星辰分野之地兼鱗甲水族龍魚之事大中祥符四年五月二十五日追尊帝號

司天昭聖帝　景明皇后

聖朝加封大化二字餘封如故

西嶽

西嶽華山在華州華陰縣是也以太白山為儲副東方朔神異經云神姓善諱驅西嶽者主管世界金銀銅鉄五金之屬陶鑄坑冶兼羽毛飛鳥之事大中祥符四年五月日追尊帝號

金天順聖帝　肅明皇后

聖朝加封大利二字餘封如故

北嶽

北岳恒山在定州曲陽縣是也以崧峒山為儲副東方朔神異經云神姓晨諱䓨西嶽者主於世界江河淮濟兼虎豹走獸類蛇虺昆虫等屬太中祥符四年五月日追尊帝号

安天玄聖帝　　靜明皇后

聖朝加封大貞二字餘封如故

中嶽

中岳嵩山在西京河南府登封縣是也以少室山為儲副東方朔神異經云神姓惲諱善中岳者主於世界地澤川谷溝渠山林樹木之屬太中祥符四年五月日追尊帝号

中天崇聖帝　　正明皇后

聖朝加封大寧二字餘封如故

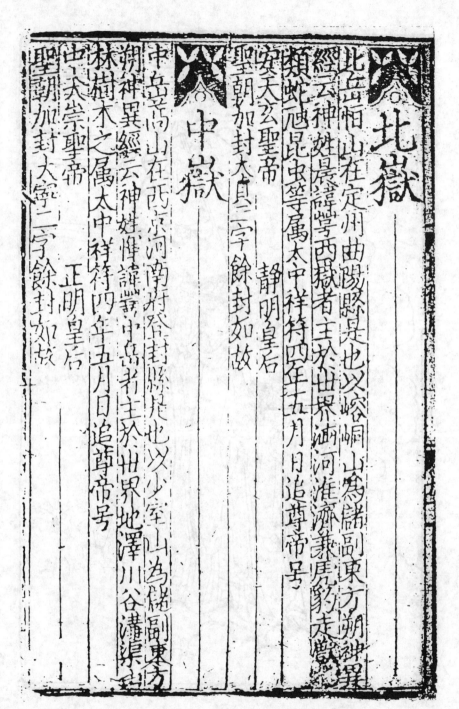

四瀆

江 河 淮 濟

江瀆楚屈原大夫也唐始封二字公宋加四字公

聖朝加封四字王號

廣源順濟王

河瀆漢陳平也唐始封二字公宋加四字公

聖朝加封四字王號

靈源弘濟王

淮瀆唐裴説也唐始封二字公宋加四字公

聖朝加封四字王号

長源溥濟王

濟瀆楚伍大夫也唐始封二字公宋加四字公

聖朝加封四字王號

清源善濟王

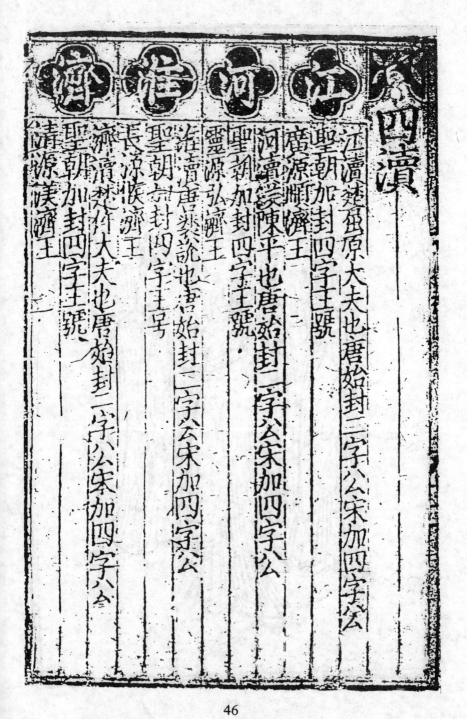

泗州大聖

泗州僧伽大師者世謂觀音大士應化也推本則過去阿僧祇殑伽沙劫值觀世音如來從三慧門而入道以音聲為佛事佐以此有緣之衆乃謂大師自西國來唐高宗時至長安洛陽行化歷吳楚間手執楊枝混于緇流或問師何姓即答曰我姓何又問師是何國人師曰我何國人尋於泗上欲構伽藍因宿州民賀跋氏捨所居師曰此本為佛宇令掘地果得古碑云香積寺即齊李龍建所創又獲金像衆謂然燈如來師曰普光王佛也因以為寺額景龍二年中宗遣使迎大師至輦轂深加禮異命住大薦福寺帝及百官咸稱弟子度慧儼慧岸木叉三人御書寺額普光王寺三年三月三日大師示滅敕令就薦福寺漆身起塔忽臭氣滿城帝祝送師歸臨淮言訖異香騰馥帝問萬迴曰僧伽大師是何人耶曰觀音化身道乾符中謚證聖大師

五聖始末

按祖殿靈應集云五顯公之神在天地間相與爲本始今之僭號啓中乃降于茲邑圖籍莫有登載故後來者無所考據作邑悼耄口以相傳言邑民王瑜有園在城北偏一夕園中紅光燭天邑人驚異遙望之見神五人自天而下導從威儀如王侯狀黃衣皂絛坐胡床呼瑜而言曰吾授天命當食此方福佑斯人據尋幽而來至止我廟食此則福汝亦無窮瑜拜首曰惟命言訖祥雲四合神昇天矣明日邑人來相宅方山有其東偏山在其西左環杏嶺右繞蛇城衛抱而還而前平後大溪北來縈紆西下西岡特秀巍然求之良然徙廢址乃相與攜來斬竹薙營作爲華屋立像肖貌揭虔妥靈四遠聞之驩然嚮奉自是神降格有功於國福佑斯民無時不顯光是廟號止名五通大觀中始賜廟額曰靈順宣和年間封兩字侯紹興中加四字侯乾道壬

加八字侯。淳熙初封兩字公，甲辰間封四字公，十一年加六字公。慶元六年加八字王。嘉泰二年封兩字王，嘉定元年封四字王。寶祐有陰助汀江，左封六字，十六年十一月告下封八字王。理宗改封八字王。

第一位題顯聰昭[illegible]廣惠孚濟王　顯慶協惠昭助夫人

第二位題顯明昭烈靈護廣祐王　顯貺協靈嘉助夫人

第三位題顯正昭順靈衛廣惠王　顯濟協佑正助夫人

第四位題顯直昭佑靈貺廣澤王　顯佑協濟嘉勳夫人

第五位題顯德昭利靈助廣成王　顯福協愛[illegible]淑夫人

神眷

王祖父啟佑靈應敷澤侯　祖妣衍慶助順慈[illegible]夫人

王父應惠慈濟方義侯　母[illegible]福[illegible]夫人

長妹嘉應[illegible]貞淑顯夫人　次妹懿順[illegible]淑顯夫人

王有使下一神，曰都盖五公，既貴不欲以禍福驚動人之耳目而

委提舉神司之數

黃衣道士　　紫衣岡亮太師

輔靈翊善吏侯　　輔順翊惠六侯

羽應助順列侯　　令狐寺丞

王念二元帥　　打供高太保

圯伊胡石二檢察　　鄧打伍胡靖一撿官

打熙貢太保　　内山王太保

金吾二大使　　富吉罰惡判官

天獄嘗禪禪山所依神傳知安寧公之名本於雲居僧其未詳

大觀中歙縣建昌時往劫附生山遇老人其年甚古昔有司馬

頭陀全山之南曰瑤田見道路禪師謂曰吾郡此山凡十五

南嶽襲其間而來若獲勝此願與禪師闡揚佛教是夜夢

五神人來曰求昧當入九臬之閒欲宅以答方何之議上有僚

將平地固信然黎明戒與司馬命進人開道登山見一白鹿蹈

逕宿遂陟嶺瞰而下又數百步地平如掌忽見五神人曰此寂
爲弟子吞嵩所居弟子学即說偈今願合此諸佛集兹如何所
往覺宗興從備之深遂即其地治基建寺後一日復見五神
現前塔問曰今此何住神答曰後山出示比可名此塔一日往
謝之神人果從結樞樹中出塔問曰安樂不神人曰弟子等族
安樂從此山神及樹皆得安樂之名塔乃馬祖時人也唐憲宗
元和初寺成名曰龍[illegible]院中和三年有洪齊禪師道循入山
開堂演法常有五老人來聽一日洪齊問曰公何人對曰謝向
檀越言訖而去洪齊令人觀其所往至山側小池遂入其中
不見至今人呼爲五龍池云

癸巳紹定六年二月日宋承節郎張大猷謹書

按明升撰星源志所載云升爲章尚見之一小碑載甚[illegible]
[illegible]源與德興[illegible]祖鄰其東之[illegible]今不知所存或曰本朝神祠[illegible]
[illegible]氏有向考[illegible]神無[illegible]氏何耶對曰莫之爲而爲者

所謂鬼神也周禮小宗伯兆五帝於四郊漢儀祠五帝於明
堂圖五方帝位于昊天之側從之以五人帝五官神皆五行之道
氣也蓋五行為天地間至大之必有為之主宰者故曰五帝
祝融曰勾芒曰神等曰后土皆指水火金木土而言之物各有
神之降于此豈非默助五行之造化以福生民乎或者又以五
聖為五通號曰上神也可名實不辨典故不知徒肆為議論亦豈
矣蓋本朝政和元年正月詔毀五通及石將軍妲己淫祠至宣
和五年我五聖適有通貺等之封前後十餘年間默彼之祀
崇此之正昭然甚明尚可紛紛[illegible]亦緣鄉曲前輩偶據
會佛有六通弟子五通之說以[illegible]故每歲四月八日承
照路建上並莫得大齋四方[illegible]湊為緇徒[illegible]
形聖勢遍而使之然本朝褒封敕誥並藏於廟嘉熙二年中殿
頒降御書額五顯祠並置專臺在廟收藏
宋迪功郎國史實錄院編校文字胡升謹書

萬迴虢國公

万迴公者虢州閿鄉人也姓張氏唐貞觀六年五月五日生而癡愚至八九歲方能語常傲如狂鄉黨莫測一日令之入灑歸云有勝客至是日三藏玄奘自西國還訪之公問印度風景了如所見奘作礼圍繞稱為菩薩旋月兄乃往久征遼左母程氏思其音信公曰此甚易爾乃告母而往至暮而還及持書鄉里驚異其號興寺沙門大明少而相狎公來往明師之室屬有正諫大夫明崇儼夜過寺見公左右神兵侍衛崇儼駭之詰旦言與明師二施金繒作礼而去咸亨四年高宗召入內武后賜錦袍玉帶時有扶風僧嘗寄[illegible]老[illegible]多靈迹先在內每曰迴來迴來及公至又曰替剎當去有日而卒景雲二年十二月八日無卒于長安醴泉寺年八十時異香氤氳擧休柔軟特贈司徒虢國公[illegible][illegible]宦[illegible]給五年正月十五日[illegible]于京西香積寺

許眞君

許眞君名遜字敬之汝南人也祖父世慕至道眞君弱冠師大洞眞君吳猛傳三清法舉孝廉拜蜀旌陽令以晉乱棄官与吳君同遊江左會王敦作乱二君乃假符呪謁敦欲止敦而存晉室一日同郭璞候敦敦蓄怒而見曰孤昨夢將一木上破其天神帝位果乎令璞請二君圓之許曰此夢非吉矣曰木上破天是未字明公未可妄動又令郭璞筮之曰事无成問壽曰若起事禍將不久若住武昌壽不可測敦怒曰卿壽幾何曰予壽盡今日敦令武士執璞斬之二君同敦飲席間乃隱形去至廬江口召舟過鍾陵舟師辭以无人力駕舡二君曰但載我我自行舡仍戒舟師曰汝宜堅閉戶牖若聞舟行慎勿潛窺於是入舡須臾舟師聞舟搖撼木葉聲遂潛窺見二龍駕舟在紫霄峰二龍知其窺委舟而去二君曰汝不信吾教至此奈何遂令

升師丹陽諶母悉傳教服器授以神仙術乃令[illegible]君後在豫章遇一少年容儀修整自稱慎郎真君與之語知非人類既去謂門人曰適少年非蛟蜃精也吾念江西累遭洪水爲害若不翦除恐致逃遁遂登高游眼一湖見蜃精化一黃牛於洲北真君謂弟子施大玉曰彼化黃牛我今化黑牛仍以白巾與鬪汝認之當以劍截彼俄頃一牛奔逐大玉以劍中黃牛之左股因投入城西井中黑牛亦入井蜃精從此走復精化在潭州化爲聰明少年入多珍寶娶刺史賈玉女常於春遊江湖必多獲寶貨而歸至是空歸自云被盜所傷須臾與客報云有道流許敬之求見使君賈玉接之真君曰聞君得佳婿略請見之慎郎即托疾不出真君厲聲曰蛟精老魅焉敢遁形蛟乃化本形至堂下命空中神殺之又令將二兒來真君以水噀之即成小蜃妻賈氏幾化其父母力懇乃止今穿屋下丈餘掘地皆見水際又令立[illegible]移鐵[illegible]宿舍凡役爲潭[illegible]此皆[illegible]後於東晉太康二年八月

自於洪州西山舉家白日上昇許君自飛昇之後里人與許君
族人就其地立祠以所遺詩一百二十首寫竹簡以上數之匣
貯令人探取以決休咎名曰聖籤宋徽宗政和二年五月十三
日上晝寢日神功妙濟真君改觀為宮賜額曰玉隆萬壽宮
因看書于崇政殿恍然如夢見東華門北有一道士戴九華冠
披絳章服導從者甚衆至丹墀起揖帝帝因問曰卿是何人
不語而至對曰吾乃許旌陽權掌九天司戚上帝詔往按察西
瞿耶國經臣故國憂悶曰朕患安息瘡諸醫不能愈真君有藥
否即取小瓢子傾藥一粒以綠注大如叩吮抹於瘡上堯如流酥
灌體入骨清涼遂揖而去上歎羨久復迴顧曰吾欲告久已宸落
願聖皇垂眼一看言訖帝豁然而覺竟詔畫像如夢中所見者賜
以清儲祥宮崇奉詔真君靈遊去處未有宮觀則取本宮臣錢
建造如宮觀舉守臚瓖如從撥充常住則撥近便官田出鬻
理觀崇奉敕至萬西山玄應巴宮一餘封如故

寶誌禪師

寶誌禪師宋泰始中見形於東陽鎮古木鷹巢中朱氏聞巢中兒啼遂收育之因以朱為姓施宅為寺焉公自少出家依于鍾山道林寺常持一錫杖懸刀尺及鏡拂之類或掛一兩尺帛數日不食無飢容時或歌吟詞多讖記士庶皆共事之齊建元中武帝謂師惑衆收付建康獄既旦人見其入市及檢獄如故建康尹以事聞帝延於宮中之後堂師在華林園忽一日重著三布帽亦不知於何所得之俄豫章王文惠太子相繼薨齊亦以此衰矣由是禁師出入梁高祖即位下詔曰誌公迹拘塵垢神遊冥寂水火不能焦濡蛇虎不能侵懼語其佛理則聲聞以上談其隱淪則遁仙高者豈以俗士常情空相拘制何其愚陋至於此自今勿得復禁師或一日封帝食鱠帝已厭不知味二十餘年師毎為爾師乃吐出小魚鱗尾依然今建康尚有鱠殘

郗也皇后郗氏崩數月帝常追悼之晝則忽忽不樂宵則耿寐
居寢殿聞外騷窣聲視之乃見一蟒盤躃上殿睒睛呀口
以向於帝帝大驚駭無所逃遁不得已蹶然而起謂蛇曰朕宮
殿嚴警非爾蛇類所生之處必是妖孽欲祟朕耶蛇為人語啓
帝曰蛇則昔之郗氏也妾以生存嫉妬六宮其性慘毒怒一發
則火熾矢射損物害人死以是罪謫為蛇耳無飲食可實口無
窟穴可庇身飢窘困迫力不自勝又鱗甲有蟲唼齧肌肉痛苦
其劇若加錐刀焉蛇非常蛇亦復變化而至不以皇居深重為
阻耳感帝平昔眷妾之厚故託醜形陳露於帝祈一功德以
見拯拔也帝聞之嗚呼感激既而求蛇不復見帝明日大集沙
門於殿庭宣其由問善之最以贖其苦師對曰非禮佛懺滌悃
款不可帝乃然其言搜求佛經錄其名號兼親抒睿思灑聖翰
撰悔文共成十卷皆採摭佛語削去閑詞為其懺禮又一日聞
宮室內異香馥郁良久轉美初不知所來帝因仰視乃見一天

人容儀端嚴謂帝曰此則緣覺身也蒙帝功德已得見初相天
容呈本身以為明驗也然勤致謝言訖而去此見梁武懺序師
于梁天監十三年冬將卒忽告眾僧令移寺金剛神像出置于
外乃密謂人曰菩薩將去矣未及旬日無疾而終舉體香軟在
世九十七年帝以錢二十萬易定林寺前岡獨龍阜以葬師永
定公主以湯沐之資造浮圖七級於其上帝御座制銘賜被
襲珠以飾塔表南唐保大七年加号道林真覺菩薩宋太宗太
平興國七年特民何昇遇老僧往寓城以指古松下掘之得石
碣乃寶公記聖作綴遠之文於是遣使致謝謚曰寶公妙覺道
平初更號道林真覺大師按建康大錄開善寺有誌公履傳神
龍初鄭克俊取之以歸長安公洗鉢池尚在塔西一里法雲寺
其方池是也

新編連相搜神廣記　前集

盧六祖

盧六祖名能廣東新州人學佛見曹溪水香遂於其地擇一道場求之地主但云只得一袈裟地足矣地主從之遂以袈裟鋪設方圓八十里今南華山六祖道場是也從坐化自唐宣宗時至今六百有餘年肉身俱存香烟薰其面如漆光至元丙子年漢軍以利刃錯其腹見心肝如生人於是不敢犯衣鉢尽載之北今已發回有宣宗御賜袈裟織成淡山水有西天鉢非銅鐵非木石有西天經非紙非革非木竟不知何物有貝葉經十六七葉有佛牙以小銀合載之元有一孽龍攫潭禍民告六祖曰只怕尔變小其龍果變小遂以鉢盂載之在寺中乾枯歸附於鉢龍尚存以久矣

三茅真君

太玄真人内傳曰真人姓茅咸陽南關人也聖祖諱喜字世倫仕秦莊襄王爲廣信侯其父乃廣信侯第六子諱祚字發英有三子長子諱盈字叔申次子諱固字季偉小子諱衷字思和盈年十八棄家入恒山讀老子及周易傳採取山朮而餌服之積六年夜夢太玄玉女把玉札而授之曰西城王君得真道可爲師矣明辰發到西城齋戒三月乃見王君駕神龍之駢翱翔於絳岩之陰於是越谿涉澗阻不避以前君乃使衛官見攝將還王君洞臺之中親侍日久執巾役之役如是十七日王君見君謹密使主頒衣書神籙之章復三年乃命駕造白玉龜山詣王母於清淋宫君時侍焉西王母曰總所令乃救肉人以登晨臺不亦勞乎王君答云不否因目君起再拜自陳願賜長生之術王母曰昔先師元始天王及扶桑大帝君時乃用於盃

見之萬積會之房說玄玄之道見道以要言所謂玉佩金璫之
道太極玄真之經也君拜授所言曰王母勅王君一一解釋玄旨
之經又自敷出金璫之文以付於君也受命訖王君將君
歸西城按而行之三年之中色亦如女子日月流光面生玉澤王
君又賜君九轉還丹二劑及神方一首告之曰道已成可以反
矣復百年求我於南岳將授汝仙任於吳越也於是辭師乃歸
時年四十九君父母尚在見之大怒曰爲子不孝不親供養
遂妖妄流走四方欲杖罰之君長跪謝曰盈受命應當得道今
道已成不可杖擊恐二官考察非小故也父不信於是操杖向
君適欲舉杖杖即摧折成數段段段皆飛揚如弓矢之發中壁
壁穿中柱柱陷父悟不凡打意乃止父又曰汝言得道能起死
人否君曰死人有罪重積惡不可復生有横受短折者則可令
起也乃召社公問此村中已死者誰可召還促約所關由使發
遣之至日戌之後社公來白事云某甲已決了便可發出於是

撫捉發槨棺而出之三日能坐語言了了如此發數十家皆愈

生活鄉里遠近咸稱君爲神明之君後十餘年君父母俱死行喪

如禮中弟固漢景帝時以孝廉累遷至武威太守弟衷少以節

行顯名從梁国爲孝王上賓宣帝地節二年遷爲與令後拜爲

五更大夫轉西河太守固是時爲執金吾並當之官鄉里父老

及童幼相送者且數百人時君亦在座自言吾雖不作二千石

卿相亦有神靈之職來年四月三日當之官諸君乃能來顧如

今日會集者衆賓皆相然之期日門前數頃地忽自平治無復

寸芥皆青縑帳屋屋下容數百人坐位左右翕赫相語來者塞道

擔金舁玉奇肴異果並在紛紛彩動人地莫不驚能及辭焉

里人因盡欲以此道請勸二弟之治業也言訖乃登羽車遂去

而去二弟乃休官棄家以漢元帝永光五年三月六日渡江見

兄於東山遂去拜伏於日在此勤二弟服青牙始生咽氣沒之道

各賜九轉還丹一劑於是并服之仙道仙道成君乃啟王君爲

玄水玉液[illegible]二弟[illegible]服與食之一畢行[illegible]方心守三月
訪善友章方謂曰書名已上西城洞宮朝[illegible]詣
山之朱臺謁太虛赤眞人歸太素請地仙二眞領仙之籙彼受
眞受神符又之羅[illegible]求[illegible]綿綿下登九宮呈詣金闕之下受
聖君之書是以紫卓有號眞人仙録神君之號以和有司三
官保命仙君之位焉漢元帝時元壽二年八月己酉太帝
授君以神璽玉章太微天帝賜君以八龍錦輿紫羽華衣太上
大道君賜君以金虎眞符流金之鈴金闕聖君与君以四節[illegible]
臨流明神芝長曜靈飛夜光洞草使拜而食之五帝君衛太帝
之命授君位爲太元眞人領東嶽上卿司命神君治宮赤城玉
洞之府

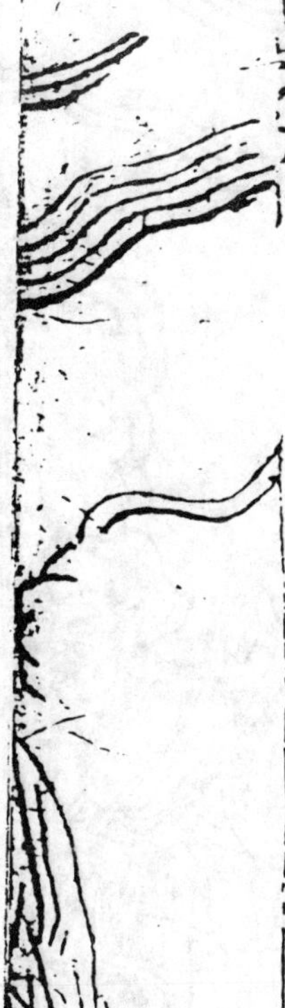

六

薩真人

卷四

薩真人名守堅南華西河人也少有濟人利物心嘗學醫誤用藥殺人遂棄醫學道聞虛靖張天師及建昌王侍宸福州林靈素三人道法高妙遂辭家往蜀至峽行囊已盡坐于石大憂忽見三

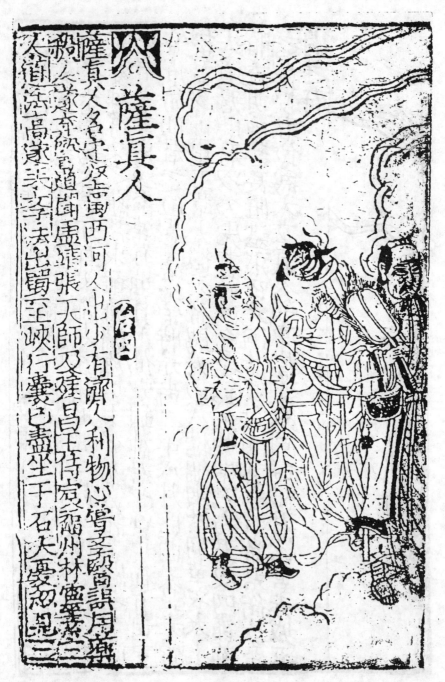

人及真人問此去信州遠近道人問所欲真人曰欲訪虛靖
天師李法道人曰天師死矣復問王侍宸曰亦死矣復問林靈
曰亦死矣真人方悵恨一道人曰今天師道法亦高君當之有
舊當爲作字可往訪之吾有一法相授曰出門可以自給遂授以
呪棗之術曰呪一棗可取七文一日但呪十棗得七十文則有
一日之資矣一道人曰吾亦有一法相授垂之棕扇一柄曰看
病者則搧之即愈一道人曰吾亦有一法相授乃雷法也真人
受之常用之皆驗一日先呪自餘棗七授七十文爲自用餘者復
以濟貧及到信州見天師授信某家與乃虛靖天師親筆也
信中言吾與王侍宸林天師遇薩某名以一法授之矣可發
錄奏名真人後法愈大顯嘗經潭州人鬭神語同真人提刑求
日至次日人伺之只見真人攜甕盆至有提點刑獄之牌入異
之繼至湘陰縣浮梁見人用童男童女生祀本處廟神真人曰
此等邪神好殺其廟宜言訖雷火飛空廟立焚矣人莫能救但聞

空中有六顧法官常如今日自後廟不復興真人至龍興府近邊濯足見水有神影方面黃巾金甲左手拽袖右手執鞭真人曰爾何神也答曰吾乃湘陰廟神王善被真人焚吾廟後今相隨一十二載只候有過則復前讎今真人功行已高職隸天樞望保奏以為部將真人曰汝兇惡之神坐吾法中必損吾法子神即立誓不敢背盟真人遂奏帝收係為將其應如響從真人至漳州忽一日諸將現形環侍告曰天詔將臨召真人歸天樞領位真人方起身而即立化後舉棺輕如常木衆異而剖視則已空棺且如真人得尸解之道矣

袁千里

袁隱子千里南豐人王持宣婷氏子也行斬勘鄧法号彭鬍偈男氏端平間寓截頭家一日謂截頭曰吾逝矣可焚我言畢而卒截頭焚之火又見煙焰中有旗現金字曰雷霆第三判官袁千里

傅大士

傅大士名翕婺州義烏人也自幼聰慧通三教之書自号善
慧大士梁普通元年遇天竺僧嵩頭陀語曰你彌勒化身當
發於水乃見圓光寶蓋即悟前因因問修道之地頭陀指松山
下雙檮樹曰此可矣大士於此搆庵大通三年置寺號雙林間即
今雙林寺有法華經梁武帝所賜鐵犁鐵鉢水晶數珠七佛銅
像至今存大士雖釋家者流而不剃髮或以為有先知能[illegible]
士之冠即云又有餘慶亦在義烏縣南二十五里雲黃山頂山
多猿獸大士齋竟每持餘飯飼之自後伏匿因是立名飯猿石
青白而紫可作數珠昔有陶氏嘗貨於大士大士視之曰佗日
佗石青紫色可琢數珠賸汝齋自茲授記唯此一家能之相傳
佗人效琢石即列碎兩浙錢忠獻王往婺州發大士塔取骨殖
至龍山寺之不動即其地建龍華寺以骨殖塑大士像并塔

崔府君

崔府君者乃祁州鼓城人也父諱讓世為巨農純良德義鄉里推重年將知命未立繼嗣讓與妻議之曰我平日所為常存齋戒之心今何乏之嗣不若與汝共發虔誠禱於北岳妻從其言同詣北岳祠下禱祝祈嗣畢歸邸中安下是夜夫妻夢一仙童手擎一合崔讓問之童曰帝賜合中之物今君夫妻吞之言訖奉合盖視之見美玉二枚夫妻各吞其一忽然而覺自後有娠腹偉十月滿足於隋大業三年六月六日降生於神彩秀美異於常人幼而從學日誦千言不窺群子之戲因名子玉凡事過人鄉人咸為積善之家天賜也時唐太宗貞觀七年詔舉天下賢良赴都朝廷任用府君亦在內為名賜將令出身惟府君除潞州長子縣令正直無私察同神明鄉人皆言知縣者理陽間斷陰府時五月初間知縣省喻邑人此月望日及望後一日無

得殺今又獵射如犯者官中決斷陰府理問時有善射者寮
門等二人出郭外射得兔一隻入城門吏搜住執於庭下問
之曰汝等故犯欲以縣庭受罰陰府受罰其人云乞於陰府受
罰以爲陰遐縣遠言訖各放還家是夜乃就枕俄有一黃衣吏
與三人至于公庭一所聽已却見崔知縣王者冠服揖諸人羅
狀或促其壽或奪其子孫或減其食祿汝能革惡自當誡之於
還本家遂懲而責其人乃畏之忽一日門吏報曰鵶黃嶺有猛
虎攔路傷人公遣首吏孟宪賫符牒至山廟勾虎其虎出官衙
符牒隨吏而至於公廳俯公責之曰汝乃異類所食者有分定敢
敢違其天意食啖人命罪當如何其虎聞之觸階而死自此邑
人立生祠而祀之時潞州太守奏申朝廷貞觀十七年府君遷
磁州滏陽縣令整天宗陰府君在之事決楊叟二子負債之訟
後任衛州衛縣令爲奕碁人楊叟同赴任所西南五里有河時
夏月水汎漂溺民田公于河上設壇以詞奏于上帝少頃間忽

一日蛇浮于水面而卒水漸高去郡人亦立生祠祀焉有一日
公與楊叟登碁公忽起楊叟亦起公云不見否忽有黃衣數輩
執牌而言曰吾奉上帝命云云次有玉珪玉帶紫服冠簪綬衣
玉函衛安又有百餘人皆拜畢而立奏簫韶絲竹之音淡復有
一神取白馬至府君曰汝輩少待之遂呼二子曰吾將去世矣
無得大慟取紙筆寫百字銘以訓其子二子泣拜而授命言訖
而卒年六十四年矣後玄宗值祿山兵亂帝夜夢神人告之
曰願陛下駕不可別方此賊不久而滅矣又何避之於是帝問
姓名云臣乃磁州滏陽縣令崔子玉也帝覺焉後果如其言
駕歸闕下建廟封靈聖護國侯至唐武后時大水漲溢崔之
乃止加封護國威惠公宋真宗東封岱岳加封大王號
護國西齊王至宋一門宗之避狄難自鉅鹿馬戰而獨行
暮宿老嫗家嫗爲帝濯足進粉飯且告曰當借一泥馬早
去約五鼓以起披衣有泥馬已請行稍前遇三岔路感焉忽見

白馬帝異之過其後晚至靈祠廟下有土亘數尺汗如雨因宿
焉夢青衣方袍人杖擊地趣其亟行驚起遲明發眡紙中批救題
云磁州都土地崔府君俄聞珓珓声八皆毀都從店中所見
寂無人唯几上有合內有酒食帝食之將此爲白馬復前導至
斜橋谷馬忽不見益異之而從臣耿南仲將民兵數千來迎及
南渡駐蹕於杭州帝首爲立廟焉賜廟額曰顯衛

普菴禪師

普菴禪師名印肅袁州宜春縣余氏子也當宋徽宗政和五年十一月二十七日辰時生年六歲夢一僧點其心曰汝他日當自省既覺以意白母視之當心有一點紅瑩大侶世之櫻珠父母因此許從壽隆院賢和尚出家年二十七歲落髮越明年受戒師容貌奇古知性巧慧賢師勉令誦經師曰嘗聞諸佛元旨以貴乎悟于心數墨巡行無益於事遂辭遊湖湘謁大為牧菴忠公因問萬法歸一一歸何處忠公豎起拂子師遂有

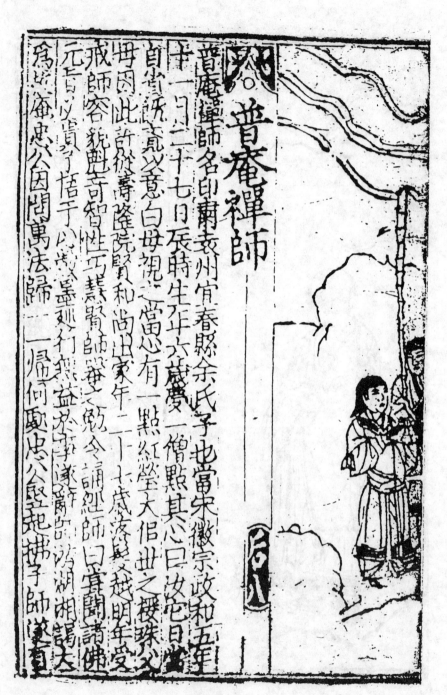

然後歸受業院癸酉歲有隣寺慈化者衆請住持寺仍常住師
布衾紙衣晨粥暮飯衲衣外唯閱華嚴經論一日大悟遍身汗
流喜曰我今親到華嚴境遂述頌曰

　　捏不成團撥不開　何須南岳又天台
　　六根門首無人會　惹得胡僧特地來

自此之後發而言句動悟幽顯有不期然者一日忽有僧名道
存曾參至師目擊而喜曰此人吾不請友矣遂相與寂坐交相
問答或笑或喝僧曰師再來人也非久當大興吾教乃指雪嶺
頌而行師乃潛隱南嶺其號曰曾庵志懷手世因四縣巡禮蔡
君驛吉長尚劍放明同請出山願助營費事為慈化修建佛殿
師辭不獲竟從其請至則慕道向風者衆師乃隨宜爲說或贊鶴
吉之有病患者拆幸炭禁吉之即愈或有惡毒人跡不相往來
者師吉之頌感得十全至於祈晴伐柱不毀淫祠靈應非一由
是世俗大與富者施財貧者施力巧者施藝寺宇因茲鼎新鼓樓

□數十里之間關路建橋樂為普濟皆師之化或問師修何行
而得此師乃嘗空書云還會麼其人云不會師云止止不須說
其岐嶷元辨多如此而歌頌讚語遍傳人間如證道歌判源録
已盛行於時忽一日索筆書頌於方丈西壁云

依雨不晴宗家明　東西南北乱雲擁
失珠元限人遭劫　一切聰聽樂為清
○枯木敷榮頌畢示衆曰諸佛不出世亦无有涅槃我入吾室盡
必能元動大衆善自護持無令退失沐浴更衣跏趺而寂時則乾
道五年七月二十一日也享年五十五僧臘二十八十一月
日全身入塔是時四衆悲號聲振動山谷蓋師之終始
大槩如此
普庵寂感妙濟真覺昭貺禪師
聖朝大德四年歲次庚子秋十月加封
大德二字餘封如故

吳客三真君

昔周厲王有三諫官專調周也王婬酗衛失政三官諫曰先王以仁義守国以道德從民而天下咸服未聞酗色荒也屢諫弗聽三官棄職南遊於吳三王大悅會楚兵侵吳王甚憂之三官遂自臣等致身以死事大王自有安邦之計但大王無慮耳三官退敵谷用神策楚国皆降吳王要賞三官拜辭奏曰臣等容臣也不敢受賜後知厲王要宛宣王立復歸周周宣王錫賚甚厚加其爵位後救太子靖王除五子作亂後非究捕獻宣王遷三官於東衮撫治安慰民受其賜爾請以資所至無之其國大治三官既昇加封侯号

唐宏字文明孚靈侯七月二十　葛雍字文度威靈侯三月十八

周武字文剛洞靈侯十月一日

宋祥符元年真宗東封岱岳至天門忽見三仙自空而下帝謂

陞之三僊曰臣奉天命護僊聖駕帝封三僊曰

上元道化真君　中元護正真君　下元定志真君同判

岱岳冥司

讚曰應變之聖道德之君碎周寄呉濟世救民周而烈極呉封客臣宋遇真宗天門顯身帝視問之方得其因唐宫周氏天地水神上奉王詔保駕聖明御製妙号誥勅載姓名祠封泰宗號建三靈

昭靈侯

昭靈侯南陽張公諱路斯隋之初家于潁上縣百社村年十六中明經第唐景龍中爲宣城令以才能稱夫人石氏生九子自宣城罷歸常釣于焦氏臺之陰一日顧見釣處有宮室樓殿遂入居之自是夜出旦歸歸輒體寒而濕夫人驚問之公曰我龍也蓼人鄭祥遠者亦龍也与我爭此居明日當戰使九子助我

須有絳綃者我也青綃者鄭也明日九子以弓矢射青綃者中之怒而去公亦逐之所過爲谿谷以達于淮而青綃者投于合淝之西山以死爲龍穴山九子皆化爲龍而石氏葬關洲公之兄爲馬步使者子孫散居潁山其墓皆存焉事見于唐布衣趙耕之文而傳于淮潁間父老之口載于歐陽文忠公之集古錄云自景龍以來潁人世祠之于焦氏臺乾寧中刺史王敬蕘始大其廟有宋乾德中蔡州大旱其刺史司超聞公之靈築祠于蔡既雨翰林學士承旨陶穀爲記其事誌自淮南至于陳蔡許汝皆奔走奉祠景德中諫議大夫張秉奏請新潁上祠宇而熙寧中司封郎中張徽奏乞爵号詔封公昭靈侯石氏柔應夫人廟有穴五往往見變異出雲雨或投器穴中則見于池而近歲有得蛻骨于池者金声玉質輕重不常今藏廟中元祐六年秋旱甚郡守龍圖閣學士左朝奉郎蘇軾迎致其骨于西湖之行祠与吏民禱焉其應如響乃益治其廟

義勇武安王

義勇武安王姓關名羽字雲長蒲州解良人也當漢末於涿郡張飛佐劉先主起義兵後于南陽臥龍崗三謁茅廬聘諸葛孔明定割山河三分天下因号為蜀先主命關公為荊州牧不幸呂蒙設計公乃不屈節而亡追贈大將軍葬于玉泉山土人感其德義歲時奉祀焉宋真宗祥符五年十月十七日夜有神人自空而降奏曰臣乃上天直符使者玉帝有勅後八日有聖祖軒轅降于宮闕言訖而去帝次日與群臣議之洒掃宮室設祭禮至日聖降于庭因殿帝拜於前聖曰吾往昔人皇氏也其後為軒轅即汝趙宋之始祖也吾以汝善修因政撫育下民而來言訖聖昇天矣帝大異之帝與群臣觀之聖降之跡由存矣未散群臣賀曰陛下聖德所感聖祖降于宮闕帝詔天下琳宮並建聖祖宮殿至祥符七年解州刺史表奏云鹽池自古生鹽

使蔵宣課曰去歲以來鹽池減水有虧課利深為災變敢不奏
聞帝遣使持詔至解州城隍廟祈禱是夜使者夢一神冠冕曰吾城
隍也此鹽池之患乃蚩尤也往昔蚩尤与軒轅帝戰黃帝殺之于
此地鹽池之側至今尚有血跡近聞朝廷創立聖祖殿蚩尤不
忿故竭鹽池之水堀出而求得此報使迴奏于帝帝与群臣議
之王欽若奏曰地神見報當設祭以禱之帝遣呂夷簡持詔就
鹽池禱之祭畢是夜夢一神人絨服金甲持劍怒而言曰吾乃
蚩尤神也奉上帝命主此鹽池也於民有功以国有益今朝廷崇
以軒轅立廟于天下吾乃一世之讎也此上不平故竭鹽池水
朝廷若能除毀軒轅之殿吾令鹽池如故若不從竭絕鹽池五
穀不收又使西戎為邊境之患言訖而去夷簡甦然而覺具奏
中之事迴奏於帝二小黃門之王欽若奏曰蚩尤乃邪神也陛下
可差人往信州龍虎山詔張天師可收伏此怪帝從之乃遣使
詔天師至闕下帝曰朕因立聖祖軒轅殿致蚩尤神怒竭絕鹽

池之水即今爲患乃蚩尤之天師奏曰臣奉一將最英勇豪
關將軍也臣當召之可討蚩尤必成其功言訖師召關將軍至
突現形於帝前帝示以蚩尤竭絕鹽池之事將軍奏曰陛下聖命
敢不從之然乃會五嶽四瀆名山大川所有陰兵盡往解州討
此蚩尤若臣与蚩尤對戰必待七日方勦除得伏願陛下先令
解州管內戶民三百里內盡閉戶不出三百里外盡布告行人
勿得往來待七日之期彼成其功然後開門如往來恐觸犯神
鬼多致死亡帝從之關將軍乃擬命良遂下詔解州居民悉
知忽一日大風陰暗白晝如夜[illegible][illegible]四起雷電[illegible][illegible]似有鐵馬
金戈之聲鬪空中叫喊[illegible][illegible][illegible][illegible]日[illegible][illegible]放天晴日朗鹽
池水如故帝問關將軍[illegible][illegible][illegible][illegible][illegible]民加此[illegible]加其勳遂王歎
若賫詔往玉泉山祠下致祭以謝神祇復新其廟賜廟額曰義
勇追封二字王号曰武安王宋徽宗加封尊号曰
崇寧至道真君

清源妙道真君

清源妙道真君姓趙名昱從道士李珏隱青城山隋煬帝知其賢起爲嘉州太守郡左有冷源二河內有犍爲老蛟春夏爲害其水汎漲漂渰傷民昱大怒時五月間設舟船七百艘率甲士千餘人及民萬餘人夾江鼓譟聲振天地昱持刃入水有頃其水赤石崖奔吼如雷昱右手持刃左手持蛟首奮波而出時有佐昱入水者七人即七聖是也公斬蛟時年二十六歲隋末天下大亂棄官隱去不知所終後因嘉州江水漲溢蜀人見青霧中乘白馬引數人鷹犬彈弓獵者波面而過乃昱也民感其德立廟於灌江口奉祀焉俗曰灌口二郎太宗封爲神勇大將軍明皇幸蜀加封赤城王宋真宗朝益州大亂帝遣張乖崖入蜀治之公詣祠下求助於神果克之奏請于朝追尊聖號曰

清源妙道真君

威惠顯聖王

神姓伍名員字子胥楚大夫奢之子也平王聽費無極讒殺奢奢兄尚子胥奔吳言伐楚之利欲以報仇吳与楚戰吳果勝遂吳遂入郢員掘平王出其尸鞭之三百乃雪父仇吳伐越越王勾踐擊傷闔閭死子夫差立立二年而報越勾踐棲于會稽使大夫種厚幣遺太宰嚭以請和求委国為臣妾吳王許之子胥諫不聽退而告人曰吳其為沼乎十一年夫差將為伐齊勾踐率其衆而朝王及列士皆有賂吳人皆喜子胥獨懼曰是豢吳也不如早從事焉員屬其子於齊鮑氏太宰嚭因讒之曰員恨其計不用將以為亂王使賜之屬鏤以死將死曰樹吾墓以檟檟可材也吳其亡乎三年其始弱矣吳王聞之怒乃取員尸盛以鴟夷革浮之江中吳人憐之為立祠江上命曰胥山吳王既誅員乃伐齊大敗齊人於艾陵十四年會諸侯于黃池越入吳

[illegible]十三年而越卒滅吳唐元和間封惠應侯 封忠武英烈[illegible]

聖安福王

皇朝宣賜王号

忠孝威惠顯聖王

祠山張大帝

祠山聖烈真君姓張諱渤字伯奇武陵龍陽人也父曰龍陽君母曰張媼其先龍陽君與媼遊於太湖之陂正晝無見風雨晦冥雲至其上五采青黃雷電並起忽失媼與俄頃開霽媼言見天女謂曰吾汝祖也賜以金丹已而有娠懷胎十四个月當西漢神雀三年二月十一日夜半生長而奇偉寬仁大度喜怒不形於色身長七尺隆準修髯髮垂委地深知水火之道有神告以地荒僻不足建家命行有神獸前導形如白馬其聲如牛遂與夫人李氏東游吳會稽渡浙江至苕霅之白鶴山山有四水會流其下公止而居焉於白鶴得柳氏於烏程桑坵得趙氏[illegible]

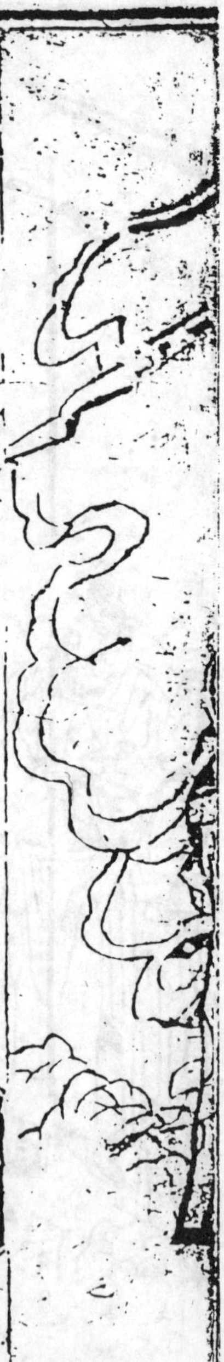

夫人王王九弟五子一女八孫於女於吳興郡長城縣順靈鄉發跡
役陰兵自長興荊溪疏鑿聖瀆長一十五里岸高七丈至十五丈
總三十里志欲通津於廣德也復於後村畢宅保小山枷樹之
側為掛鼓壇先時與夫人李氏密議為期每餉至鳴鼓三聲王
即自至不令夫人至開河之所厥後因夫人遺飱於鼓乃為烏
啄王以鳴鼓而餉至洎王詣鼓壇乃知為烏所誤乃夫人至鳴
其鼓王又以為前所誤也不至夫人遂詣興功之所見王為大
豨役陰兵開鑿瀆河王見夫人變形未及變遂不與夫人相見聖
瀆之功息於是遯於廣德縣西五里橫山之頂居民思之立廟於
山西南隅夫人李氏亦至縣東一里而化時人亦立其廟曰昔所
之河因為民田即今兵也為湖灌溉今湖之田僅萬頃其掛鼓之
壇今不敢掘蟻不敢聚云唐天寶中信州刺史感夢初贈水部員外
郎橫山改為祠山昭宗贈司農少卿賜金紫景宗封廣德侯吳
唐封為司徒封廣德公後晉封廣德王宋仁宗封靈濟王至

宋朝累加至八字至十二字理宗淳祐五年改封正佑聖烈真君宋

咸淳三年十二月十一日准告加封

正佑聖烈昭德昌福真君 三月十一日誕生

封正平昭助靈惠順聖妃 李氏二月初一日誕生

封協濟應惠慈昭廣懿夫人 趙氏　封協順承濟慈佑廣助夫人 薛

神者

王祖顯應垂休昭遠靈惠侯　王祖母顯應起家昭靈夫人

王父慈應潛光啓祉衍慶侯　王母慈惠成德聖善夫人

九弟

靈祝普濟昭助侯　靈德昭惠嘉懿夫人

善利通濟靈助侯　善德助惠正懿夫人

順成孚應顯助侯　順德衍惠昭懿夫人

康衛昭應廣助侯　康德順惠顯懿夫人

靖鎮豐利安助侯　靖德淑惠靈懿夫人

仁德寧字助侯　休德敷惠端懿夫人
明濟福康善助侯　文德紹惠昌懿夫人
昭敬通濟信助侯　昭德靜惠明懿夫人
嘉惠孚直順助侯　嘉德柔惠光懿夫人
王子不
承烈顯濟啟祐王　五月十五日　承祀貴福元啟協應夫人
嗣憑昭佑公　正月初四日誕生　嗣嬪瑞福昭穆夫人
濟美崇祐公　三月十五日誕生　濟順保福恭穆夫人
紹休廣祐公　十二月十二日誕生　紹崇福太穆夫人
善繼孚祐公　正月十一日誕生　善敷福瑞穆夫人
一王女
淑顯柔嘉令儀夫人　王婿本寸大靈太礎无係位東遂及祠祭
九王孫
禁垂祐永福侯　錦一位行祉侯

第三位衍[illegible]侯　第四位衍澤侯
第五位衍瑞侯　第六位衍澄侯
第七位衍慶侯　第八位衍惠侯

佐神丁王二聖詔

其洪方使者封協靈侯

掠剌使

按幽怪錄云杜陵韋元方外兄裴璞任邠州新平縣尉元和五年璞卒于官長慶初元方下第將客于隴右出開遠門數十里抵偏店將憩逢武吏躍馬而來騎從數十而貌似璞見元方若識而急下馬避之入茶肆垂簾于小室中其徒散坐簾外元方疑之亦造其肆及褰簾入見真璞也元方驚喜拜之曰兄去人間復為武職何也從吏之斟〻馬裴璞曰吾為陰官職武士故武飾耳元方曰何官曰隴右三川掠剌使耳曰何以謂

貌曰吾職司人剩財而掠之元方曰何謂剩財僕曰人之所貯貨
積者也命當即此遇物之稀稀或上人家衛所得之物盜義
之財即謂之剩故掠之焉元方曰汝知其剩者而掠之其曰牛大
一飲一啄之元非前定況財宝乎陰司所籍其後有限護而躊精
陰定乃别而掠之也元方曰所謂掠者何於震耶稍之於懷
耶僕曰非也出當数而得一一有成數則之則為吾所運或会盡
經或營藝術或買賣不及常價殊不關身亦如吾之生也常謂
商勤得財農勤得穀士勤得禄只歎其不勤而不得也夫農者
之商旱歲之農發之之事豈不勤乎而今乃知勤者德之基
者善之本德之與善乃理身之道耳亦未足以邀財而求禄也
子之逢吾亦是前定合得白金一斤過此遺子又當復掠故
厚矣子之是行也故其厚而卻其薄於淫殊不所得諸錙平
亦以人生有命豈有不營之以道靜觀無復躁競勉之哉僕以公
須入城中陰司無限数不可違越遂以白金一斤授之蹙而上馬

隔海國請詔與別多年忽此集會歎言天幾又隔聯明待譯難此撲曰本同灘者竄在洴澼間吐番將來慮其侵軼當馬隨道京尹共議會盟雖非遠圖聊亦紓患亦粗安邊之計也戎馬之駕來却不遥事非早謀不可爲備且去且去上馬數步遂不發見覦其所遺乃云其白金也悵然而西所歷之獲无差其說彼邀天知命者蓋知主上背前定矣俄而蕃漢騷動朝廷知之又虐害弼思援古以爲誓擘相位盟相国雀公不欲臨境遂爲城下之盟卒而其說也

八、公江遊遇異神

論苑名談云陳堯咨泊舟三山磯有老叟曰來日午有大風舟行必覆宜避之衆曰天晴乃理舟楫何懼舟人請解纜公曰更待之同行舟一時離岸公託以事曰午天色怡然俄黑雲起於西北大風暴至折木飛沙怒濤若山同行舟多沉溺公驚嘆又見

爾夔曰某實非人乃江之遊奕將也以公他日當位宰相過此護
衛耳公曰何以報德叟曰吾不求報貴人所至龍神礼當衛護
願得金光明經一部與某求其力薄不能取公許之至京以金光
明經三部遣人詣三山磯投之夢前叟曰不祇所祈一公賜以三
今遂升嶽秩再拜而去

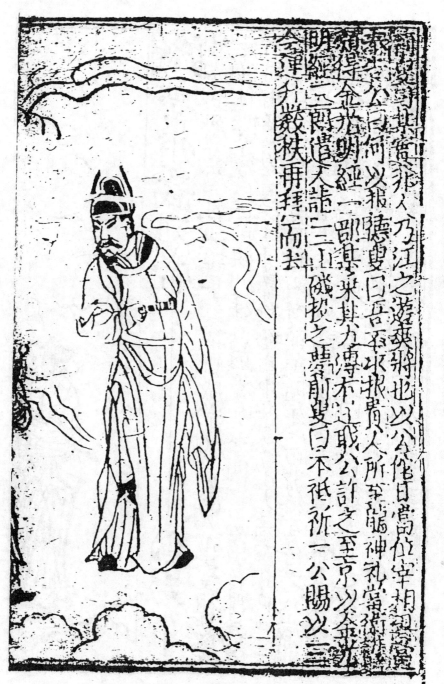

八 常州武烈帝

忠佑武烈太帝姓陳諱杲仁字世威常州晉陵人也聖祖賢學元皎仕陳為羽林郎洪州建昌縣令父季明字玄淵仕陳為征州司馬鎮南道採訪使尋拜給事中帝於陳太清二年己巳三月望日午時生美姿貌人有駢角隱犀之異衆皆奇之八歲能屬文十二徧通諸史人皆咸謂再生東家丘陳太帝天康元年帝進七策對策生玉階年甫十有八上曰朕與卿太丘之後家世自然不隨特授監察御史任江西道巡察大使帝智勇絕人精通深韜略有經綸天下之志仕陳一千有五載事親以孝君以

忠德惠万民威名滿天下後主大亦遂于隋家夜上自投隋
不仕以田園爲樂終老計尚祖紫詔仕不仕游南浙江都居盛
並起帝聞其名詔令討出任除八戚人山辟奉命迁大業
五年授承義尉平長白山叛盜讚其功一奉付其服仕
至朝請大夫九年七月奉詔平江樂伯通叛從十萬投銀青
光祿大夫十三年改號義寧奉詔平東踢盜共北於敗旅二
十二年請老加之以入什人司於人業本法汝因執良公長乃
帝之父參微倘苗為重　常輸中前日抗節秀积雄傘
不移去多擇常化在燕倘心踢去依附大欲加害時賊帥李
子通屯江北與法界隙為進擾攏　帝威寡不敵遁
至唐高祖武德二年庚辰五月十八日法界詐稱疾吸差告子
帝不得已往問疾飲酒中毒馳歸時有高僧興禪師以醫名世
亟召之治療曰法當於閒寂无人処水滌腸去毒　帝室淡民
然從攏之義舉切痛心至池上潛而獨　帝自知不可爲遂

[illegible]嶼禪師又斬張一妃俚施所居第遂福南發為精舍衆為
崇慶觀言記而豊年七十有二法只聞之意欲陰誅得毒立
師帝英爽如在忠節愈勵一日果雲霧空風雨晦冥忽見形威
發一神矢射斃法昱寇衆四潰賴護國威靈有如此者唐天子
欲旌其功乃下詔詢訪本郡耆老故陳司徒身備八絕何謂諸
耆等條奏曰忠孝文武信義謀略是謂八絕事唐封忠烈公祭
封福順武烈王後周加以帝號宋宣和四年賜廟額曰福順
武烈顯靈昭德大帝
武烈沉后　懿后　妃夫人張夫人
神眷
神父啓靈侯
神母懿德段夫人　神繼母嘉德阮夫人
神長子赫靈濟美侯　次子協應濟沭侯　神孫夙上
佐神忠司大尉各范宏封翊靈將軍

揚州五司徒

揚州英顯司徒蕃許祝蔣吳五姓是乃血食久矣載在外史錄書皇王所[illegible]

錄云不汝人家其麾下方人多江淮人出里累立大功往至[illegible]在會稽山陰人也本氏家族吳有功能社皇下王所[illegible]

賓中會陳將呂明謀叛來寇境容淸貨軍將軍破胡等小船故泰[illegible]共爲姓安呂兩[illegible]安朋曰寄十顯擧[illegible]發闘兵部本發遂州

[illegible]

令軍大[illegible]共[illegible]不[illegible]部[illegible]帶[illegible]使起[illegible]帝[illegible]

陵王陳將吳[illegible]閣之[illegible]本[illegible]青[illegible]內[illegible]

喪人皆忠之[illegible]至[illegible]良[illegible]被[illegible]用[illegible]數[illegible]書[illegible]

其爲變殺之[illegible]

參察書[illegible]首[illegible]安[illegible]

考[illegible]晉[illegible]同[illegible]

義故[illegible]

有[illegible]州[illegible]人[illegible]五神[illegible]五神居揚

州日結爲兄弟好畋獵其地舊多狼虎人罹其害山溪呼道一

老婦五神詢問竭然乃說飢食泉五神許于所居之廬肆呼

爲母侍養未久或出獵而歸不見其母五神曰多被虎噉俱奮

身遂捕山間有虎迎前伏地就降由此虎患始息彼人思其德

義立廟祀之凡所祈禱請求隨應廟今在江都縣東長鄉金匱

山[illegible]王至隋煬帝時皆護[illegible]有功[illegible]
宋辛[illegible]逆[illegible]李公[illegible]數[illegible]討[illegible]神[illegible]古以神[illegible]六[illegible]不[illegible]
日公破[illegible]新[illegible]服[illegible]神[illegible]平[illegible]付趙
公記[illegible]像寓[illegible]字祠[illegible]以[illegible]神[illegible]其[illegible]錄其[illegible]
助之功奏請[illegible]朝賜[illegible]額[illegible]先[illegible]封[illegible]八[illegible]後平章貴公
以[illegible]來[illegible]有[illegible]神[illegible]早[illegible]則[illegible]則[illegible]照驗
贊則[illegible]則端[illegible]其復國[illegible]民無時不顯[illegible]奏請加封
王號

第一位靈威忠惠翊順王　第二位靈[illegible]利輔順王

第三位靈助忠衛佐順王　第四位靈佑忠濟翊順王

第五位靈男忠烈[illegible]順王

蔣莊武帝

建康府蔣莊武帝諱子文揚州人也漢末爲秣陵尉逐賊至鍾

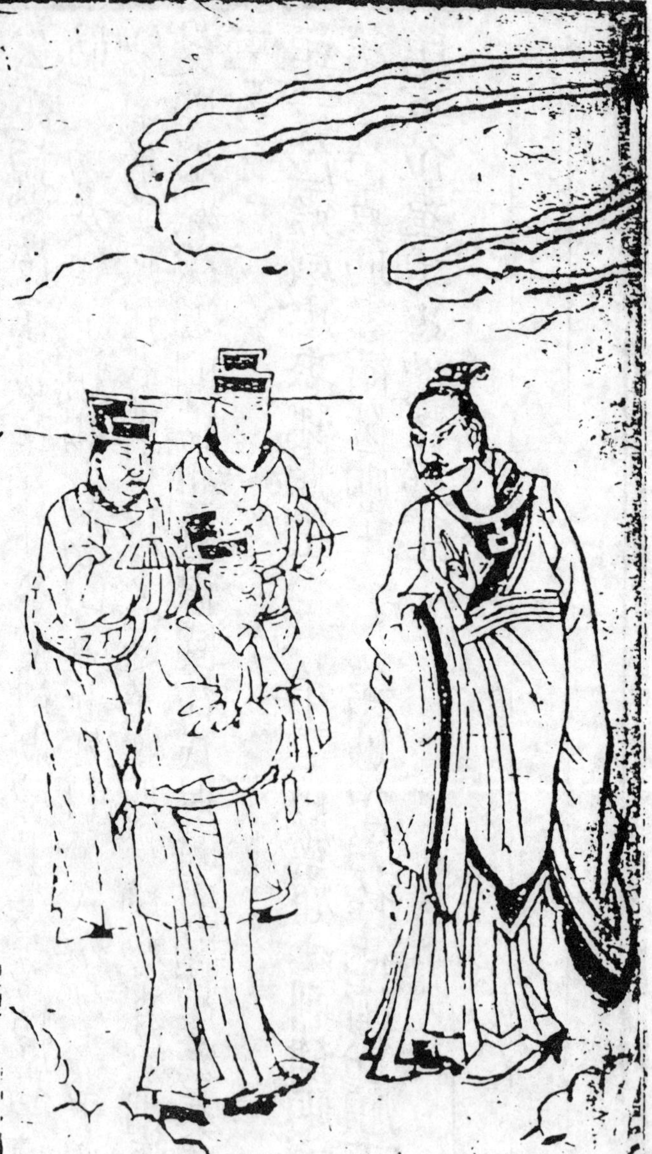

賊擊傷額而死焉及吳先主之初其故吏見子文於道乘白
馬執白羽侍從如平生故吏見而驚走文追謂曰我當
為土地神以福爾下民為吾立廟不爾使蟲入人耳為災孫主
以為妖言後果有蟲入人耳死者甚眾醫巫不能治又云不祀
我當有大火是歲數有火災又云不祀我當有大疫吳主患之
封中都侯加印綬立廟平鍾山更名曰蔣山表其靈異晉峻蘇
之亂帝夢蔣侯曰蘇峻為逆當助我誅之後果斬峻加封相國
大元中苻堅入寇望見王師部陣齊整又見八公山上草木皆
類人形恍然有懼色初會稽王尊聞堅入寇以威儀鼓吹求助
於蔣山神及堅望之若有助王之狀　典云宋高帝永初二年
貴其淫祠自蔣子文以下皆絕之　相國大都督中外諸軍
主封蔣王齊永明中崔慧景之難加　廢其堂以求福助事並
進帝號復新廟宇以廟門為靈光門　門為吳喜門外殿門
曲阿毀因神猶居梁武帝嘗禱而不應　以與焚其廟未及

[illegible]風雨大振動宮觀帝懼禮之乃上南唐謚曰靖武帝興修廟
宇徐鉉奉勅撰碑備載其事因宋朝會要曰開寶八年廟之雍
熙四年重建景祐二年陳公執中增修請于朝賜廟額曰靈烈

蠶女

高辛時蜀有蠶女不知姓氏父爲人所掠惟所乘馬在女念父
不食其母因誓於衆曰有得父還者以此女嫁之馬聞其言驚
躍振迅絶其拘絆而去數日父乃乘馬而歸自此馬嘶鳴不肯
飲齕母以誓衆之言告父父曰誓於人不誓於馬安有人而偶非
類乎能脫我之難功亦大矣所誓之言不可行也馬跑父怒欲
殺之馬愈跑父則殺之曝其皮於庭皮蹷然而起卷女飛去旬
日皮復棲於桑上女化爲蠶食桑葉吐絲成繭以衣被於人間
一日蠶女乘雲駕此馬謂父母曰上帝以我心不忘義授以充
天仙嬪矣

威濟李侯

侯姓李諱祿安吉州長興縣童鄉人也於宋徽宗政和二年正
月十八日亥時申生長而異稟賢質顯語不凡鄉社之人遇有
休咎禍福之將至輙能前知而告戒之年十八當宣和二年三
月忽預告鄉里鄉社云吾將往山東勝地爲国家幹事忽須數
年方歸遂端坐而逝遠近相傳莫不異之其後數有靈跡自見于
古忽如年穀之豐以祈禱之得失皆以傳之坐判如右印券契大
鄉人老者舊靈驗於身今於相率締立香火之地而祠祭之至寧宗
開禧二年十一月日通直郎知長興縣謝雄狀申本府思顯應實
跡所陳申州備申朝廷賜廟額以顯應至理宗紹定元年本縣
寄居朝散郎賜緋魚袋陳昂等列狀云諸路州縣境內有因兩
暘旱祈禱感應實有利惠及民列須保明聞奏更乞特賜封
號以彰神之功烈以慰一方士民之望奉勅封威濟侯

趙元帥

元帥姓趙諱公明終南山人也自秦時避世山中精修至道功行圓成奉　玉帝旨以爲神霄副帥按元帥乃皓庭霄度天慧覺昏梵炁化生其位在乾金水合炁之象也其服色頭戴鐵冠手執鐵鞭者金遘水炁也面色黑而鬍鬚者北炁也跨虎者金象也故此水中金之義藉則爲道用則爲法法則非法無以彰其威秦華西臺其列乃元帥之主掌雨師以汍輪轉斡亦西方金象也元帥上奉　天門之令策役三界巡察五方提點九州爲直殿大將軍爲北極侍御史　洪祖天師修煉大丹龍神奏帝請威猛神吏爲之守護由是元帥上奉　玉旨授正一玄壇元帥正則不邪不二則純一不二之職任重　天師飛昇之後永鎮龍虎名山今三元開闢傳度日普建功調濟之人及頑冥不化者皆元帥掌之故爾龍虎玄壇賞罰之一司部

一百八王猛將者以應八卦也有六毒大神者以應六氣也煞年煞月煞日煞時煞也五方雷神五方猖兵以應五行二十八將以應二十八宿天和也合二將所以象天門也六門開水火二營將所以象殺生利煞之作霹靂雷電散雨吹風降瘟剪祟保病護災元帥之功莫大焉若人如訟冤抑神能使之解釋公平買賣求財公能使之宜利和合但有公平之事可以對神禱無不如意上天聖号　高上神霄玉府大都督五方巡察使九州社令都大提點直殿大將軍主領雷霆副元帥北極侍御史三界大都督應元昭烈侯掌士定命帳設使二十八宿都總管上清正一玄壇飛虎金輪執法趙元帥

杭州蔣相公

神姓蔣世爲杭州人生宋建炎間與弟振施每秋成余穀預儲則賤糶如元價歲歉或損以予餓者歿之日囑其二弟曰須存仁心力行好事里人相與塑其像以祀久之遂靈應如響有祈子者有相慶咸淳初賜廟額曰廣福年安撫潛說友請于朝封神及二弟皆列侯曰孚順孚顯孚祐

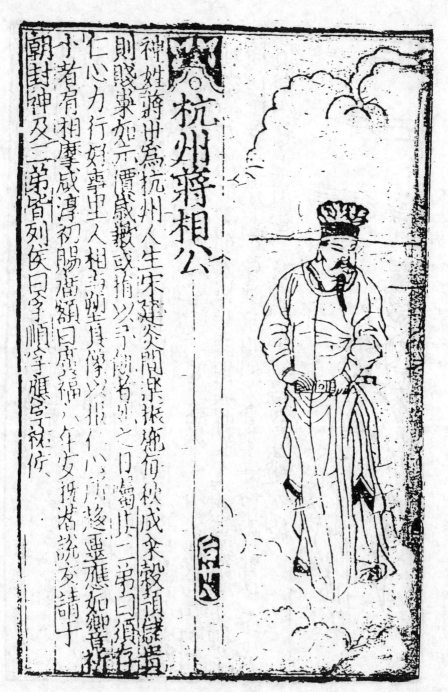

增福相公

李相公諱詭祖在魏文帝朝治相府事白日管陽間決斷人間寃濫不平之事夜判陰府是非枉錯文案兼管隨朝三品以上官人衣飲祿料及在世居民每歲分定合有衣食之祿至後唐明宗朝天成元年贈為神君增福相公

萬里相公

萬里趙相公諱同長安萬里村人也世本農桑耕鋤為業公嘗舉孝弟為人鯁直無私數陳諫事不听公乃觸階而死鄉人立其祠今在長安西一十里有墳亦在至唐睿宗延和年封公為直列侯俗呼為相公也

靈泒侯

李琚本衛州人也周世宗朝爲將善騎射於国有功後因
病發重寢間疾者甚衆公無別語告衆曰我授山東寨河將軍
也言訖公卒焉後人立祠于此至唐玄宗開元年封爲靈派將
軍至宋真宗大中祥符八年封爲灵派侯

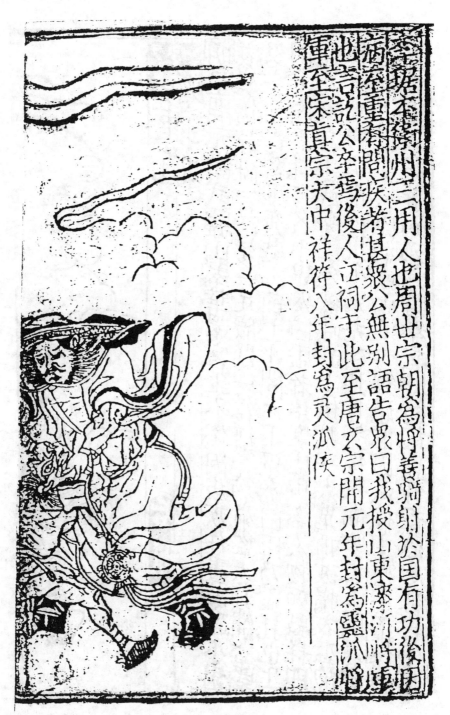

鍾馗

明皇開元講武驪山翠華還宮上不懌因痁疾作晝夢一小鬼衣絳犢鼻跣一足履一足腰懸一履搢一筠扇盜太真繡香囊及上玉笛繞殿奔戲上前上叱問之小鬼奏曰臣乃虛耗也上曰未聞虛耗之名小鬼奏曰虛者望空虛中盜人物如戲耗即耗人家喜事成憂上怒欲呼武士俄見一大鬼頂破帽衣藍袍繫角帶靸朝靴徑捉小鬼先刳其目然後擘而啖之上問大者爾何人也奏云臣終南山進士鍾馗也因武德中應舉不捷羞歸故里觸殿階而死是時奉旨賜緑袍以葬之感恩發誓与我

何災福也張居仁奏曰此是五方力士乃天上五鬼名曰瘟
使者如現之者主國民有瘟疫之疾此為天行時病也帝曰何
以治之而得免矣張居仁曰此行病者乃天之降疾無法而治
之於是其年國人病死者甚眾是時帝乃立祠於六月二十七
日詔封五方力士為將軍青袍力士封為顯聖將軍紅袍力士
封為顯應將軍白袍力士封為感應將軍黑袍力士封為感成
將軍黃袍力士封為感威將軍隋唐皆用五月五日祭之

司命竈神

按酉陽雜俎云竈神姓張名單字子郭夫人字卿忌有六女皆名察洽六癸女也常以月晦日上天白人罪狀大者奪紀紀三百日小者奪筭筭一百日故為天地督使下為地精己丑日日出卯時上天禺中下行署此日祭得福其屬神有天地嬌孫天地大夫天帝都尉天地長兄硎上童子突上紫宮君太和君玉池夫人

誓除天下虛耗妖孽之事言訖進及蓋見治疾頓痊乃詔畫工吳道子曰試與朕如夢圖之道子奉旨恍若有親睹筆成圖

神荼鬱壘

東海度朔山有大桃樹蟠屈三千里其卑枝向東北曰鬼門萬鬼出入也有二神一曰神荼一曰鬱壘主閱領衆鬼之出入者執以葦索而飼虎於是黃帝法而象之因立桃板於門戶上畫神荼鬱壘以御凶鬼此則桃板之制也蓋其起自黃帝故今世畫神像於板上猶於其下書左神荼右鬱壘以元日置之門戶也

五瘟使者

昔隋文帝開皇十一年六月內有五力士現於凌空三五丈於
身披五方袍各執一物一人執杓子并罐子一人執皮袋并劍
一人執扇一人執鎚一人執火壺帝問太史居仁曰此何神主

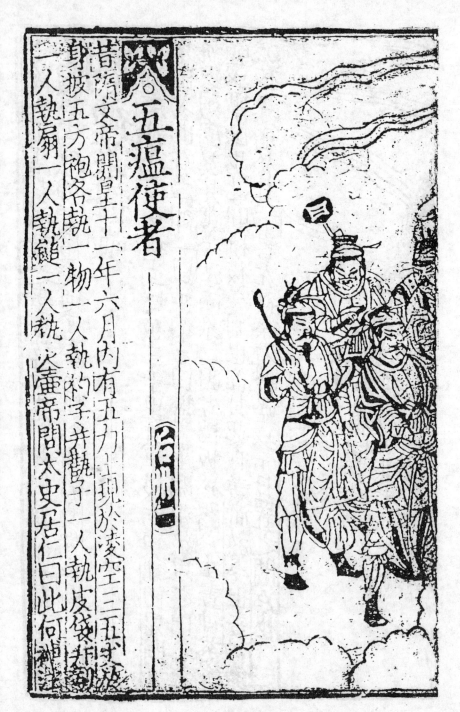

凡治竈於屋西央口向西竈四邊各長各九寸以塼及細土補之立六勿令毀折神竈之法也竈神以壬子日死不可用此日治竈當以五月辰日猪頭祭竈令人治生万倍用犬祭竈凶敗雞毛入竈中至非禍犬骨入竈出犴子正月巳丑日白雞祭竈宜蚕五月巳丑卯癸竈吉四月丁巳日祭竈百倍神不登此竈發從竈中出知其名呼之可得除凶惡云

祭福神

福神者本道州刺史楊公諱成字昔漢武帝愛道州矮民以爲宮奴玩戲其道州民生男悉選棟侏儒好者每歲不下貢數百人使公孫父母与子生別自刺史楊公守郡以表奏聞天子云臣按五典本土只有矮民無矮奴也武帝感悟省之自後更不復取其郡人立祠繪像供養以爲本州福神也後天下士庶黎民皆繪像敬之以爲福祿之神也

五盜將軍

豐暨曰五盜將軍者即宋廢帝永光年間五盜寇也於一方之地作亂為盜後於景和年帝遣大將張洪破而殺之於新縣之也其五人父又作怪祥于此祭之者皆呼為五盜將軍也

杜平　李思　任安　孫立　耿彥正

紫姑神

紫姑神者乃萊陽縣人也姓何名媚字麗卿自幼讀書辯利壽唐垂拱三年壽陽刺史李景納為妾其妻妒之遂陰殺之於廁自此始也紫姑神死於正月十五日故顯靈於正月也

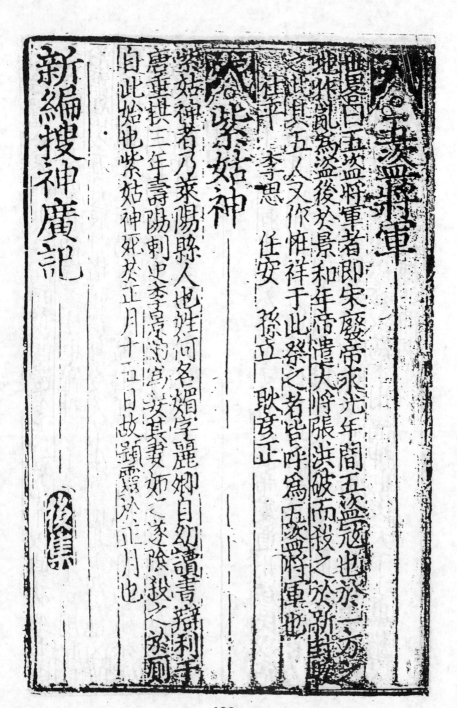

新編連相搜神廣記 / 淮南秦子晉編撰 --影印本--臺北市：臺灣學生，民 78

4，130面；21公分--（中國民間信仰資料彙編第一輯；1）

ISBN 957-15-0017-8（精裝）：全套新臺幣 20,000 元

Ⅰ 淮南秦子晉編撰 Ⅱ中國民間信仰資料彙編第1輯；1

272.08/8494 V. 1

中國民間信仰資料彙編　第一輯

王秋桂　李豐楙　主編

新編連相搜神廣記（全一冊）

編輯者：淮南秦晉
出版者：臺灣學生書局
發行人：丁文治
發行所：臺灣學生書局
臺北市和平東路一段一九八號
郵政劃撥帳號〇〇〇二四六六～八號
電話：三六三四一五六
本書局登記證字號：行政院新聞局局版臺業字第一一〇〇號
印刷所：明國印製有限公司
地址：台北市桂林路二四二巷五七號
電話：三〇八九八二〇
香港總經銷：藝文圖書公司
地址：九龍又一村達之路三十號地下後座
電話：三—八〇五八〇七

中華民國七十八年十一月景印初版

27203-1

ISBN 957-15-0017-8（套）